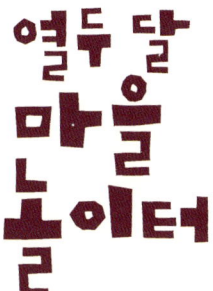

열두 달 마을 놀이터

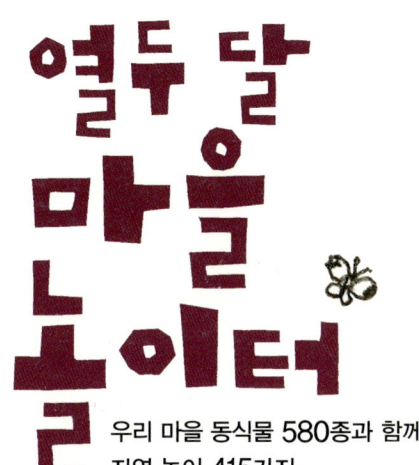

우리 마을 동식물 580종과 함께하는
자연 놀이 415가지

글 그림 붉나무

보리

마을은 자연 놀이터야

붉나무

어느 마을이나 마을은 다 **자연 놀이터**야.

마을 놀이터엔 **열두 달** 다달이 새로운 **놀거리**가 생겨.

이른 봄 작은 풀꽃이 피면 마을은 **풀꽃 놀이터**가 돼.

풀씨름 하고 풀피리 불고 풀꽃 반지 만들며 놀아.

진달래꽃, 살구꽃, 아까시꽃, 찔레꽃 줄줄이 꽃 피면

마을은 내내 **꽃잔치 꽃놀이**야.

초여름엔 입이 까맣게 되도록 **버찌**를 따서 먹고

마을 가까운 숲, 숲정이에서 **산딸기**를 찾으며 놀아.

한여름 마을은 **곤충 세상**이야.

잠자리, 메뚜기 잡으며 놀고,

불빛에 모여든 **밤 곤충** 잡으며 놀아.

매미 소리 들으며 나무 그늘에서 놀다 보면 더위도 잊어.

가을이 오면 마을은 **새로운** 놀이터로 바뀌어

가지가지 가을 열매로 놀아.

날개 달린 열매는 날리며 놀고, **가시 달린 열매**는 붙이며 놀아.

탱글탱글 **도토리**는 굴리고 던져 넣고, **팽이** 만들며 놀아.

수북수북 쌓인 **낙엽**은 최고의 놀잇감이야.

그림 그리고 **오리고 접고 꿰고 엮으며** 놀아.

마을 놀이터에 겨울이 오면 또 다른 놀거리가 생겨.

겨울바람 맞고 서 있는 **마른 풀**이 다 놀잇감이야.

갈대로 **갈대 총** 만들어 놀고, 억새로 **빗자루** 만들어서 놀아.

마을 한 바퀴 돌면서 **새** 찾으며 놀고, 겨울을 나는 **벌레** 찾으며 놀아.

마을 놀이터엔 일년 **열두 달 놀거리**가 가득해.

놀고 또 놀아도 늘 새로운 **자연 놀이터**야.

차례

머리말 4

봄 마을 놀이터

3월 봄맞이 풀꽃 놀이 12

3월 봄나물 들나물 하러 가자 20

4월 봄 봄 풀꽃 피는 봄 34

4월 잔치 잔치 꽃잔치 꽃놀이 가자 44

5월 풋내, 꽃내음 가득한 풀놀이 꽃잔치 56

5월 텃밭에서 놀자 66

여름 마을 놀이터

6월 산딸기, 버찌, 오디 먹으러 가자 82

6월 여름 꽃밭에서 놀자 92

7월 여름 나무랑 놀자 100

7월 찰방찰방 개울 탐험 112

8월 여름 곤충이랑 놀자 124

8월 풀이 쑥쑥 메뚜기가 툭툭 132

가을 마을 놀이터

9월 가을 텃밭에서 놀자 142

9월 가을 가을 가을 들꽃 놀이 150

10월 재미 가득 가을 열매 158

11월 단풍 놀이 낙엽 놀이 168

11월 탱글탱글 도토리 토실토실 알밤 178

겨울 마을 놀이터

12월 겨울나무에서 보물찾기 **192**

12월 겨울 대장 늘푸른나무 **202**

12월 솔아 솔아 늘 푸른 소나무야 **212**

1월 겨울 숲에서 놀자 **224**

1월 벌레들의 겨울나기 **230**

1월 겨울 풀, 마른 풀, 방석 풀 **238**

2월 겨울 냇가에서 놀자 **248**

2월 새를 찾아 마을 한 바퀴 **256**

2월 물새들의 겨울나기 **264**

계절로 찾아보기 **274**
동식물 이름으로 찾아보기 **280**

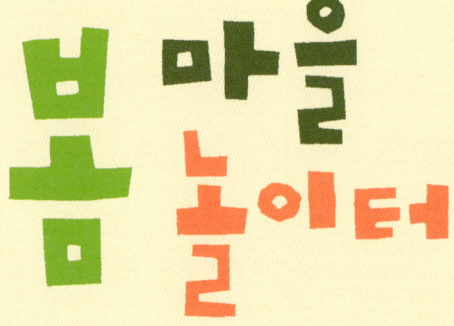

봄 마을 놀이터

- **3월** 봄맞이 풀꽃 놀이
  봄나물 들나물 하러 가자
- **4월** 봄 봄 풀꽃 피는 봄
  잔치 잔치 꽃잔치 꽃놀이 가자
- **5월** 풋내, 꽃내음 가득한 풀놀이 꽃잔치
  텃밭에서 놀자

봄맞이 풀꽃 놀이

우리 마을에 봄을 알리는 건
아주 작디작은 풀꽃들이야.
발밑을 잘 살피면 코딱지만 한 풀꽃들이 보여.
앞뜰엔 개불알풀꽃이 수줍은 듯 발그레 피었고,
텃밭엔 별꽃이 무덕무덕 하얀 꽃을 피웠어.
길가엔 냉이꽃, 꽃다지꽃이 살랑살랑 손짓해.
거무죽죽하던 풀들이 어느 틈에 파릇파릇해졌어.
애들아, 이리 와 풀꽃 놀이 하자.
수북하게 자란 갈퀴덩굴로 옷 꾸미며 놀자.
쏙쏙 돋아난 쇠뜨기 끼워 맞추며 놀자.

꽃다지

냉이

별꽃

갈퀴덩굴

쇠뜨기

큰개불알풀

풀꽃 전시회

두꺼운 종이나 아이스크림 막대로 작은 액자를 만들어서 풀꽃 위에 올려놓으면 작은 풀꽃이 도드라져서 잘 보여. 풀꽃 액자를 만들어서 좋아하는 풀꽃 위에 올리고 작품 제목도 붙여서 동무들하고 감상해 봐.

액자를 올려놓으니 풀꽃이 눈에 확 띄네.

종이 액자

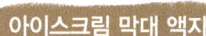

12센티미터
12센티미터
폭 2센티미터

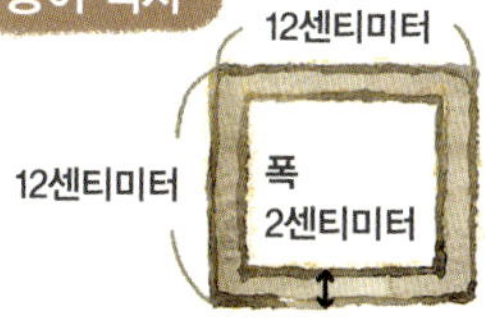

두꺼운 종이를 오려.

모양을 다르게 만들면 더 재밌어.

와, 예쁘다!
이 작품 제목은 '비밀의 화원' 이야.

아이스크림 막대 액자

아이스크림 막대를 글루건으로 붙이고 색칠해.

봄을 맞이하는 개불알풀

겨울 추위가 조금 누그러지면 개불알풀꽃이 피어나.
개불알풀꽃이 피면 봄이 온 거야.
앞뜰에 개불알풀, 선개불알풀, 큰개불알풀이 함께 자라.
비슷비슷해 보이지만 꽃이 피면 쉽게 구별할 수 있어.

꽃이 하늘색이야.

꽃이 분홍색이야.

개불알풀

열매가 납작해.

선개불알풀
겨울엔 큰개불알풀하고
비슷해 보이지만
봄이 되면 줄기가
곧게 서기 때문에
바로 알 수 있어.

꽃이 하늘색이야.

줄기가 땅을 기면서
퍼져 자라.

큰개불알풀

개불알풀 삼 형제

| 개불알풀 | 큰개불알풀 | 선개불알풀 |

큰개불알풀이 개불알풀보다 잎이 더 크고 잎 가장자리 톱니가 더 많아.

풀꽃은 많은 꽃이 같이 피니까 더 예뻐.

풀꽃은 꽃이 작아도 참 예뻐.

정겨운 냉이

냉이는 봄이 오면 겨울을 난 뿌리잎 가운데서
줄기가 올라오고 꽃이 피어.
줄기가 올라오면 질겨서 나물로 먹지 못해.
흰 냉이꽃 옆에 노란 꽃다지도 함께 꽃을 피웠어.

마을 구석구석을 채우는 갈퀴덩굴

다른 풀꽃은 땅에 납작 붙어서 겨울을 나는데
갈퀴덩굴은 덩굴을 뻗은 채 겨울을 나.
봄이 오면 쑥쑥 자라서 숲 언저리, 빈터 둘레,
산울타리 아래를 다 덮어 버려.

잎은 마디마다
6~8장씩 돌려나.
두 장만 진짜 잎이고
나머지는 턱잎이야.

자세히 보면
가시가 있어.

갈퀴덩굴 글자 쓰기

갈퀴덩굴은 줄기, 잎, 씨앗에 온통 가시가 있어서
옷에 잘 붙어. 줄기, 잎, 씨앗을 옷에 붙여서
이름도 써 보고 그림도 그려 봐.

먼저 가위로
많이 잘라 놓은 뒤
모양이 맞는 걸 찾아서
붙이면 좋아.

갈퀴덩굴 꾸미기

갈퀴덩굴 줄기에 돌려난 잎을
층층이 잘라서 옷에 붙여 꾸며 봐.
머리에도 붙여 봐.

서로서로
꾸며 주면 좋아.

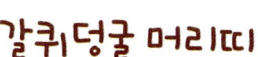

갈퀴덩굴 머리띠

갈퀴덩굴 줄기를 길게 몇 가닥 끊어서
겹쳐 말면 그대로 붙어서 머리띠가 돼.

봄을 기다리는 쇠뜨기

쇠뜨기 생식 줄기를 '뱀밥'이라고 해.
뱀밥은 봄이 오면 땅속에서 머리를 내밀고 올라와.
지난해 이미 땅속줄기에서 움터 겨우내 봄을 기다린 거야.
땅을 뚫고 나온 뱀밥은 쑥쑥 자라서 홀씨를 날리고 이내 시들어.
뱀밥이 다 자라면 뒤이어 쇠뜨기 영양 줄기가 자라.

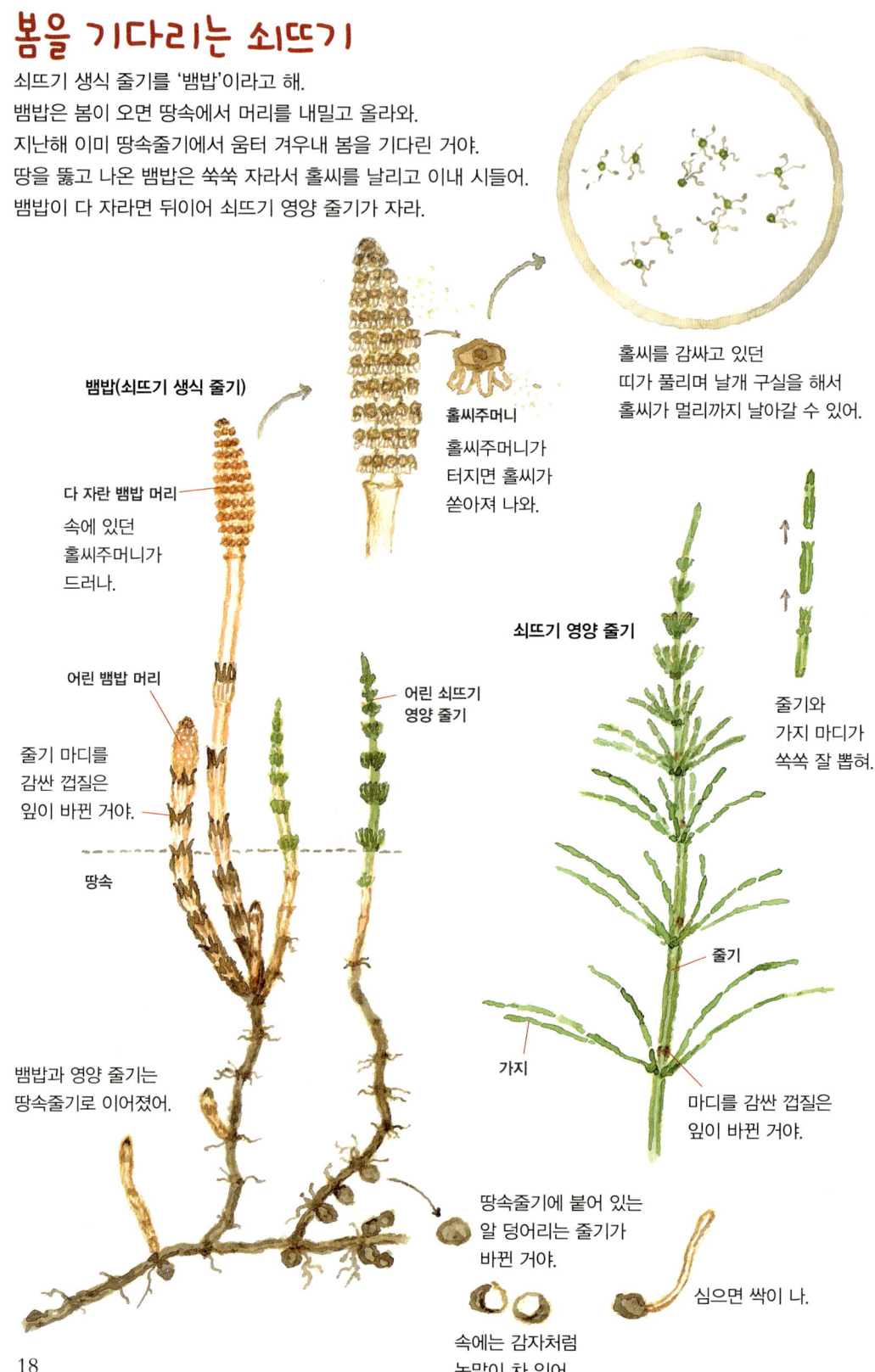

쇠뜨기 끼워 맞추기

쇠뜨기는 줄기 마디가 잘 뽑혀.
마디를 다 빼냈다가 다시 끼워 맞추는 놀이야.

① 쇠뜨기 마디를 빼내.

② 마디를 다시 끼워 맞춰.

쇠뜨기 끊긴 마디 알아맞히기

쇠뜨기 마디 한 군데를 끊은 다음 다시 끼우고 몇 번째 마디가 끊겼는지 알아맞히는 놀이야.

쇠뜨기 길게 끼워 맞추기

쇠뜨기 마디를 여러 개 빼낸 다음
길게 끼워 맞추는 놀이야.

① 쇠뜨기 마디를 여러 개 빼내.

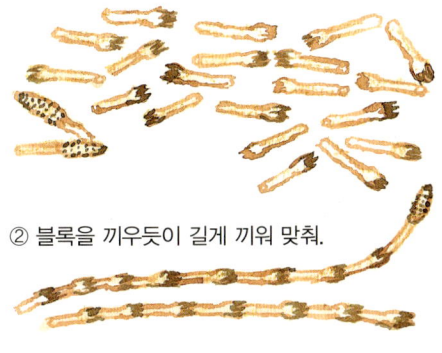

② 블록을 끼우듯이 길게 끼워 맞춰.

쇠뜨기 가지 글자 쓰기

쇠뜨기 가지 마디를 이어서 글자도 쓰고 그림도 그려 봐.
종이 위에 늘어놓아 여러 모양을 그리고 풀로 붙여.

쇠뜨기 가지에 맺힌 물방울

이른 아침 쇠뜨기를 찾아보면 영양 줄기 가지 끝마다 물방울이 송글송글 맺혔어. 쇠뜨기 줄기 안에 있던 물이 물구멍을 통해 밖으로 나온 거야.

한 푼 두 푼
돈나물(돌나물)

쏙쏙 뽑아
나생이(냉이)

봄나물 들나물
하러 가자

봄나물 들나물 하러 가자!
잡아 뜯어 꽃다지, 이 개 저 개 지칭개,
고들고들 고들빼기, 미끌미끌 소리쟁이,
길에 가면 질경이, 들에 가면 민들레.
나물하러 어디로 갈까?
아파트 뒤뜰에도 봄나물,
길가에도 봄나물, 텃밭에도 봄나물.
마을이 다 온통 나물밭이야.

꽃다지

고들빼기

개불알풀

뿌리뱅이

종지나물
(미국제비꽃)

아파트 뒤뜰에도 봄나물

아파트 뒤뜰, 주차장 옆에 푸릇푸릇 봄나물이 자랐어.
꽃다지, 꽃마리, 소리쟁이, 종지나물, 고들빼기, 가락지나물.
와, 봄나물이 참 많구나!

꽃마리

꽃마리 잎을 한 장 한 장 떼어 보았어.

가락지나물

작은 잎 5장

작은 잎 3장

소리쟁이

얼치기완두

뱀딸기

길가에서 찾은 냉이

냉이라고 다 똑같은 냉이가 아니야.
잎이 갈라진 모양이 다 달라.
길가에 납작 엎드린 냉이를 찾아봐.

냉이잎 모양이 저마다 다 달라. 이건 망초 같고 저건 지칭개처럼 생겼어.

이건 진짜 지칭개다.

다닥냉이

꽃

냉이

냉이는 줄기가 올라오면 질겨져서 나물로 못 먹어.

열매

줄기잎

뿌리잎

뿌리

한 뿌리에서 나온 냉이잎도 모양이 가지가지야.

다 다른 잎 냉이

이게 다 냉이잎이야.
냉이잎 모양이 다 달라.
혹시 같은 모양 냉이잎이 있나 찾아봐!

냉이잎 액자 만들기

① 여러 냉이잎을 책갈피에 끼워서 말려.
② 잘 마른 냉이잎을 두꺼운 종이에 예쁘게 붙여.
③ 골판지를 잘라 액자틀을 만들고 목공풀로 붙여.
④ 무게중심을 맞춰서 액자 뒷면에 끈을 붙여.
⑤ 완성!

종이에 냉이잎 붙이는 방법

① 냉이잎 붙일 자리에 잎 모양대로 풀칠해.
② 풀칠한 곳에 냉이잎을 얹어.
③ 깨끗한 종이를 덮고 잘 문질러.
④ 종이를 떼어 내.

텃밭에서 찾은 봄나물

농사가 시작되기 전 이른 봄 텃밭은 봄나물 세상이야.
겨울을 난 봄나물이 수북수북 자라서 밭 둘레를 다 덮었어.
쑥, 냉이, 황새냉이, 돌나물, 별꽃, 쇠별꽃, 벼룩나물, 개망초.
온갖 봄나물이 다 있어. 텃밭은 나물하기 딱 좋아.

개망초

황새냉이

쑥

돌나물

돌미나리

유럽점나도나물

시금치

공원에서 찾은 봄나물

공원 산수유나무 아래에 큰개불알풀이
산수유꽃보다 먼저 꽃을 피웠어.
잔디밭에는 토끼풀이 넓게 퍼져 자라고,
산철쭉 아래 갈퀴덩굴이 쑥쑥 자랐어.

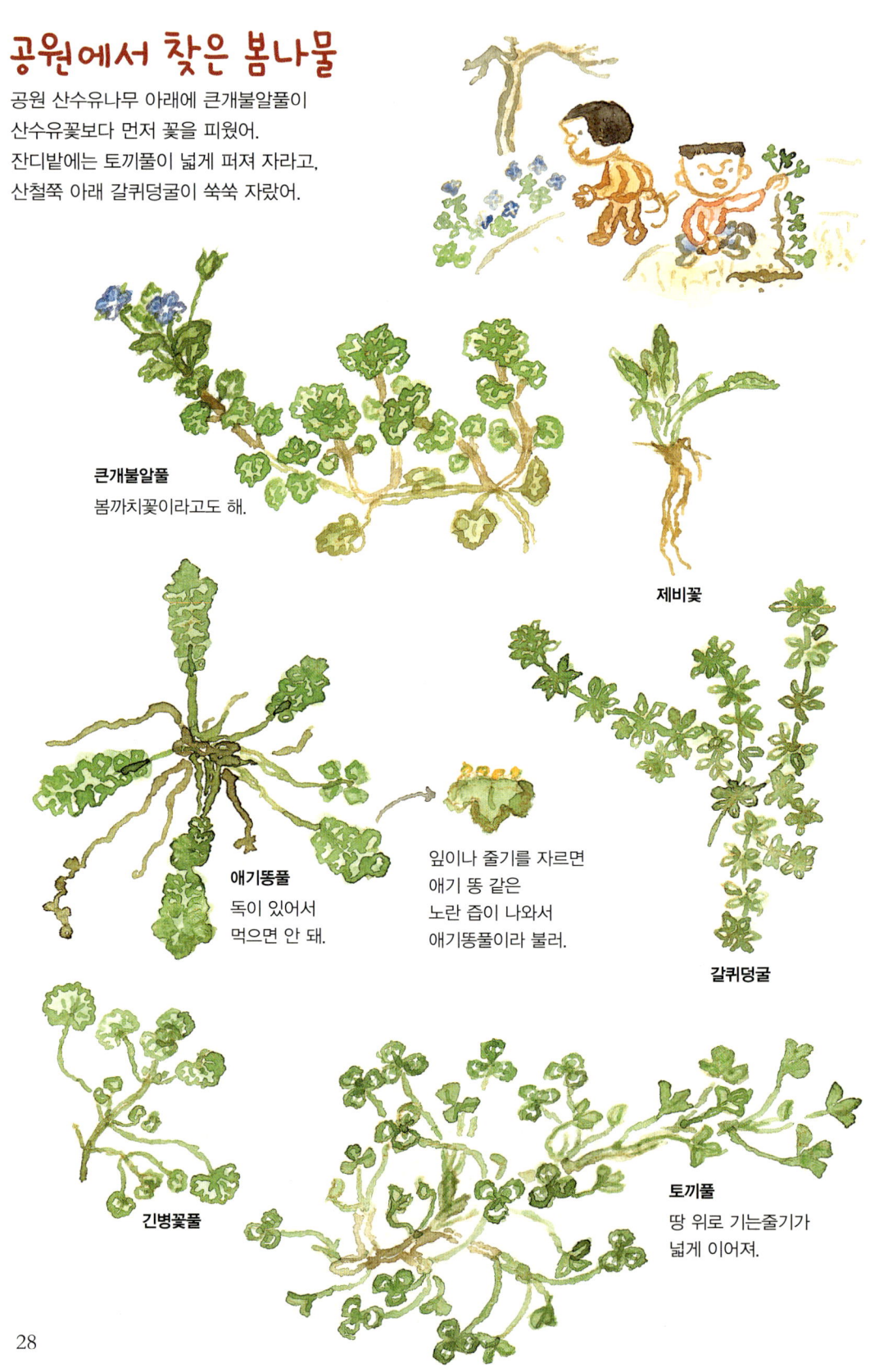

큰개불알풀
봄까치꽃이라고도 해.

제비꽃

애기똥풀
독이 있어서
먹으면 안 돼.

잎이나 줄기를 자르면
애기 똥 같은
노란 즙이 나와서
애기똥풀이라 불러.

갈퀴덩굴

긴병꽃풀

토끼풀
땅 위로 기는줄기가
넓게 이어져.

여러 가지 봄나물 잎사귀

얼핏 보면 다 같아 보여도
잘 보면 다 다른 봄나물 잎사귀야.
어떤 게 지칭개일까? 봄나물 이름을 맞혀 봐.

봄나물 하기

뿌리까지 먹는 냉이, 고들빼기, 민들레는 뿌리째 캐고
잎을 먹는 쑥, 개망초, 질경이는 뿌리 위를 잘라.
벼룩나물, 별꽃 같은 덩굴은 어린순을 따.
따로따로 담아야 다듬고 씻기가 좋아.
어떻게 먹을지 생각해서 먹을 만큼만 해.

뿌리를 먹는 나물은 호미나 꽃삽으로 캐는 게 좋아.

쑥이나 소리쟁이처럼 뿌리 위를 자를 땐 칼이 편해.

어린순은 손으로 뜯거나 가위로 잘라.

뿌리째 캔 나물

냉이

서양민들레

고들빼기

마른 잎과 검불을 잘 떼어 내고 흙을 깨끗이 털어야 다듬고 씻을 때 좋아.

뿌리 위를 자른 나물

서양민들레

쑥

개망초

망초

소리쟁이

어린순을 뜯은 나물

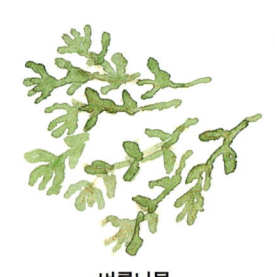
벼룩나물

점나도나물

별꽃

광대나물

나물은 섞지 말고 종류대로 따로 담아.

쑥국

① 쑥을 깨끗하게 씻어. ② 냄비에 물을 끓여. ③ 다시마와 된장 한 큰술을 넣고 잘 풀어 줘. ④ 한소끔 끓으면 바지락을 넣고 끓여.

⑤ 쑥을 넣고 5분쯤 끓여. ⑥ 송송 썬 대파를 넣어. ⑦ 국간장으로 간을 맞춰. 쑥국 완성.

난 쑥국.

냉이 무침

① 냉이를 깨끗하게 씻어. ② 팔팔 끓는 물에 10초쯤 살짝 데쳐.

냉이무침 해야지.

매실액 깨소금
된장
다진 마늘
참기름이나 들기름

③ 찬물에 헹궈. ④ 꽉 짜서 물기를 빼. ⑤ 양념을 넣고 조물조물 무쳐.

냉이 무침 완성.

냉이 튀김

① 냉이를 깨끗하게 씻어. ② 체에 밭쳐서 물기를 빼. ③ 튀김가루와 물을 같은 양으로 넣고 잘 섞어서 반죽을 만들어. ④ 냉이에 반죽을 묻혀.

⑤ 뜨거운 식용유에 튀겨. 기름이 안 튀게 조심해. ⑥ 체에 밭쳐서 기름을 빼. 냉이 튀김 완성.

초간장에 찍어 먹어.

봄나물 화분 만들기

베란다에 봄나물 꽃밭을 만들어 봐.
페트병, 플라스틱 통, 깨진 그릇도 화분으로 쓸 수 있어.
뱀딸기, 돌나물, 바위취, 서양민들레, 가락지나물 들을 심을 거야.

페트병으로 화분 만들기

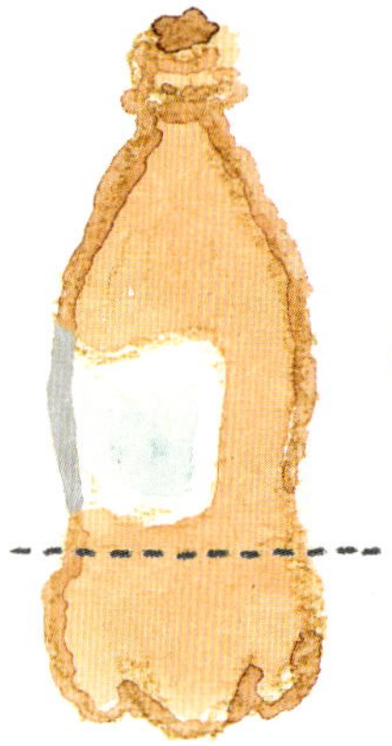

페트병은 아래를 잘라서 바닥에 구멍을 뚫어.

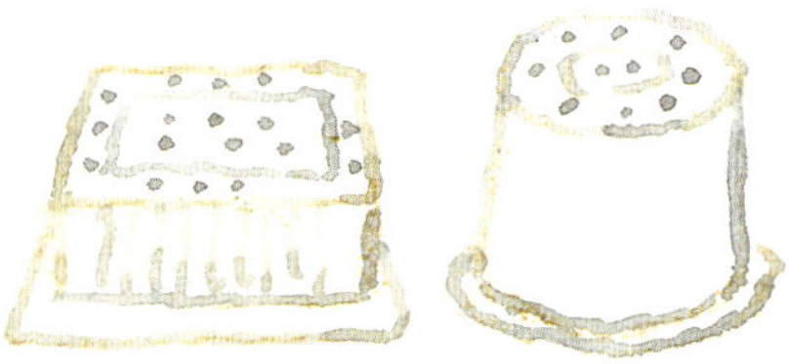

플라스틱 통 바닥에 구멍을 뚫어.

밖에서 퍼 온 흙에 부엽토, 퇴비를 섞어.

페트병에 봄나물 심기

① 화분 바닥에 잔 돌멩이나 굵은 모래를 깔아.

② 봄나물을 화분에 넣어.

③ 부엽토와 퇴비를 섞은 흙으로 틈을 채워.

④ 마지막으로 물을 흠뻑 뿌려 줘.

깨진 그릇에 봄나물 심기

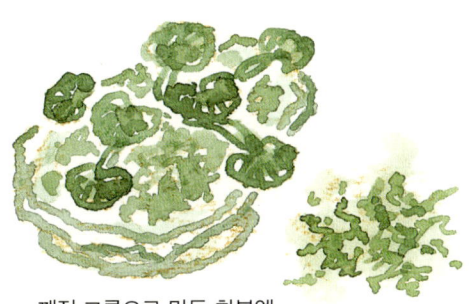

이끼

깨진 그릇으로 만든 화분엔 흙이 흘러내리지 않게 아파트 뒤꼍에서 이끼를 가져다 덮어 주었어.

꽃집에서 산 화분보다 더 예뻐.

광대나물, 제비꽃 화분도 만들자.

뱀딸기

종지나물

서양민들레

가락지나물

바위취

돌나물

꽃다지

봄 봄 풀꽃 피는 봄

마을 공원 버드나무가 푸르무레하게 물들고
뒷산이 진달래꽃으로 불그스름해지면
마을 구석구석엔 온갖 풀꽃들이 다투어 피어나.
제비꽃은 어느새 보랏빛 꽃을 오종종 피워 냈어.
꽃마리가 하늘빛 꽃송이를 하나둘 펼쳐 보여.
광대나물이 으쓱으쓱 광대놀이 하듯 꽃 피고
뚝새풀도 비주룩비죽 이삭을 치켜세웠어.
풀꽃들이 우리보고 같이 놀자고 불러.
제비꽃 씨름 하고 뽀리뱅이 피리도 불며 놀자.

꽃다지

광대나물

제비꽃

제비꽃은 참 예쁜 풀꽃이야.
오랑캐꽃, 앉은뱅이꽃, 가락지꽃, 병아리꽃, 씨름꽃.
부르는 이름도 가지가지야.

위 꽃잎 2장
옆 꽃잎 2장
아래 꽃잎 1장
아래 꽃잎은 꿀주머니와 이어져.

꽃잎 5장
꽃받침
꿀주머니
꿀샘
수술
암술머리

씨방
암술머리
꽃받침
수술 5개
꿀샘
아래 수술 두 개에 꿀샘이 나 있어.

열매
제비꽃
닫힌 꽃
닫힌 꽃은 꽃잎을 열지 않고 안에서 자기꽃가루받이를 해서 스스로 열매를 맺어.

뿌리에서 바로 잎과 꽃자루가 뭉쳐나.

뿌리
뿌리에 영양분을 많이 모아 두어서 이른 봄에 빨리 잎을 내고 꽃을 피울 수 있어.

씨앗을 멀리 날리는 제비꽃

① 열매가 여물면 위로 고개를 들어.
② 세 갈래로 갈라져.
③ 깍지가 마르면서 씨앗을 튕겨.
④ 깍지만 남았어.

개미를 부르는 제비꽃 씨앗

제비꽃은 씨앗 껍질을 부풀려서
개미가 좋아하는 엘라이오솜을 만들어.
개미는 씨앗을 물고 가서
엘라이오솜만 떼어 먹고 씨앗은 버려.
개미가 물고 간 만큼 씨앗이 퍼지는 거야.

제비꽃 씨앗
엘라이오솜

여러 가지 제비꽃

제비꽃은 종류가 많은 데다 서로 잘 섞이고 같은 종끼리도 생김새와 색깔이 달라서 구별하기가 몹시 어려워.
제비꽃은 줄기가 있는 것과 없는 것으로 나눠.

꽃이 흰색이야.
아파트 앞뜰에서도 많이 자라.

흰젖제비꽃

줄기가 없는 제비꽃

호제비꽃

제비꽃보다 꽃이 먼저 펴.
제비꽃보다 키가 조금 작고
잎과 꽃자루에 잔털이 났어.

호제비꽃 잎자루가 더 짧아.

잎자루

호제비꽃 **제비꽃**

남산제비꽃

산에서 자라.
꽃은 흰색이고
잎은 깊게 갈라졌어.

산에서 자라. 분홍색 꽃이 펴.
꽃이 피어 있을 때는
잎이 고깔처럼 말려.

고깔제비꽃

꽃이 시들면
잎이 펼쳐져.

줄기가 있는 제비꽃

노랑제비꽃

산에서 자라.
꽃이 노란색이야.

콩제비꽃

작고 하얀 꽃이 펴.

종지나물
(미국제비꽃)

37

제비꽃 놀이

제비꽃으로 꽃반지를 만들며 놀아서 '가락지꽃'.
꽃씨름 하고 놀아서 '씨름꽃'이라고도 해.
제비꽃은 놀거리가 많아서 더 반가운 풀꽃이야.

제비꽃 씨름

제비꽃은 꽃자루가 꼬부라지고 꽃 뒤로 꿀주머니가 달려서
두 송이를 엇갈려 걸 수 있어.

① 제비꽃을 한 송이씩 준비해.   ② 꿀주머니를 서로 엇갈려 걸고 당겨.

③ 먼저 끊어지면 지는 거야.

봄에만 할 수 있는 꽃씨름이야.

제비꽃 반지

제비꽃 한 송이로 쉽게 만들 수 있어.

① 꽃 뒤로 나와 있는 꿀주머니 끝을 잘라.   ② 꽃자루 끝을 꿀주머니에 끼워 넣어.   ③ 꽃 앞쪽으로 빼내.

④ 손가락에 끼우고 꽃자루를 당겨서 살짝 조여.   ⑤ 꽃자루 끝을 잘라.

만들어서 서로서로 끼워 줘.

예쁘다!

제비꽃 팔찌, 귀걸이

꽃자루가 긴 꽃송이 두 개를 꽃씨름 할 때처럼
엇갈려 걸어서 만들어.

손목에 돌려 감아서
묶으면 제비꽃 팔찌.

귀에 감고
묶으면
제비꽃 귀걸이.

내 모습 어때?

꽃반지처럼
꽃 팔찌,
꽃 귀걸이도
서로 묶어 주기!

제비꽃 열매 쌀보리 놀이

벌어지지 않은 제비꽃 열매를 쪼개서
씨앗이 흰색이면 쌀밥이고 갈색이면 보리밥이야.

이건
보나 마나
쌀밥이다.

네 건
보리밥!

쌀밥　　보리밥

① 벌어지지 않은
제비꽃 열매를
사람 수만큼 뜯어.

② 열매를 한 개씩 내밀고
상대편 열매가 쌀밥인지
보리밥인지 알아맞혀.

③ 쪼개서 흰색이면 쌀밥,
갈색이면 보리밥.
많이 알아맞히는 쪽이 이겨.

제비꽃 소꿉놀이

꽃씨름, 열매 놀이 한 걸 가지고 밥상을 차려 봐.
쌀밥 먹을래? 보리밥 먹을래?

꽃잎 김치　　　꽃자루 나물　　　제비꽃 쌀밥　　　제비꽃 보리밥

광대나물

겨울을 난 광대나물은 넓게 퍼져 자라면서 꽃을 많이 피워.
잎, 줄기는 나물로 먹고, 꽃은 꽃차로 먹어.

열린 꽃
곤충이 꽃가루받이를 해 주어야 열매를 맺을 수 있어.

닫힌 꽃
꽃망울 안에서 자기꽃가루받이를 해서 스스로 열매를 맺어.

긴 대롱 밑에 있는 꿀은 빨기가 힘들어서 곤충이 잘 안 와. 그래서 닫힌 꽃이 많아.

수술

곤충이 내려앉을 자리를 표시해 두었어. 곤충이 내려앉아 꽃속으로 들어가면서 등에 수술 꽃가루가 묻어.

위쪽 잎은 잎자루 없이 바로 줄기에 붙어 달려.

아래쪽 잎은 잎자루가 있어.

광대나물 꽃꿀 빨기

광대나물꽃을 따서 꿀을 빨아 봐.
단맛이 조금 느껴지지?

밑을 빨아.

광대나물 꽃차

광대나물꽃을 따서 꽃차를 만들어 봐.
제비꽃, 민들레꽃으로도 만들어 봐.
꽃차 한잔 마시면 봄이 몸 안으로
성큼 들어오는 걸 느낄 수 있어.

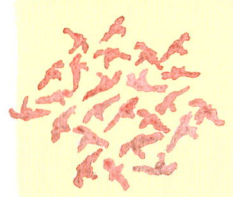
광대나물 꽃잎

① 광대나물 꽃잎을 물에 살살 씻어.

② 체에 받쳐서 물기를 빼.

③ 잘 펼쳐서 그늘에 말려.

④ 찻잔에 마른 꽃잎을 넣고 뜨거운 물을 부어. 조금 우린 다음 마셔.

41

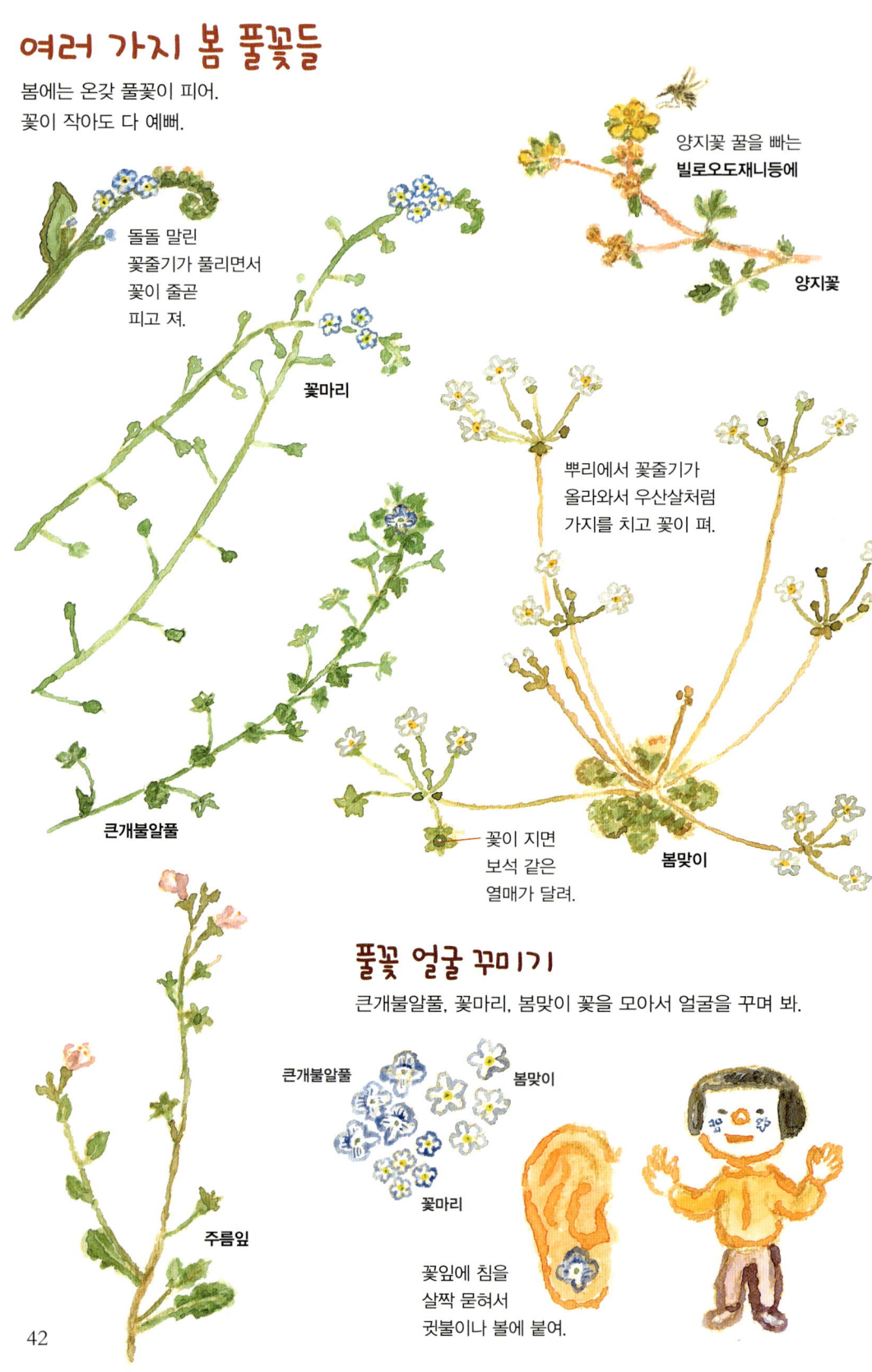

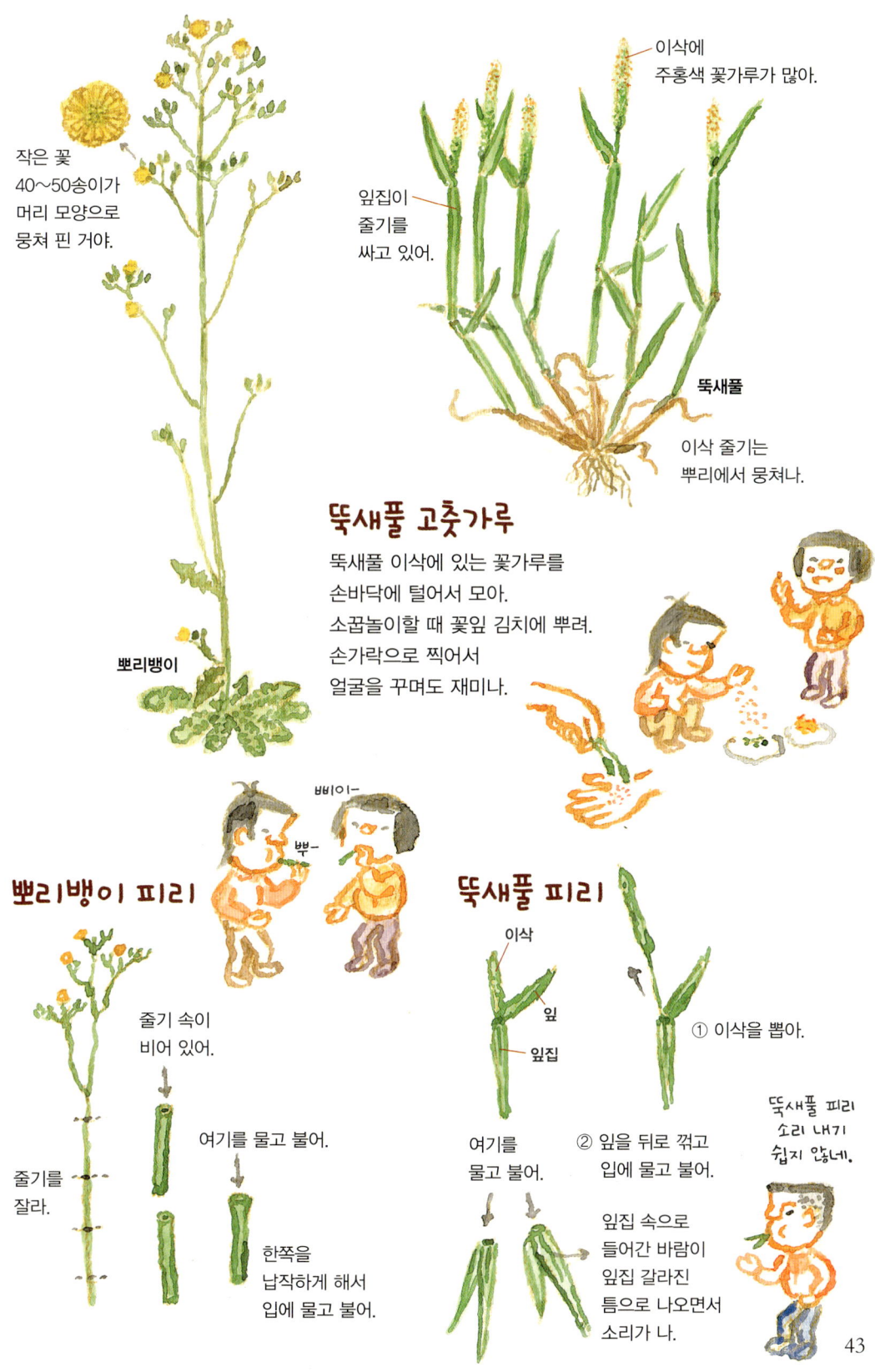

잔치 잔치 꽃잔치 꽃놀이 가자

붉나무네 마을에 온갖 꽃들이 피어났어.
산수유꽃, 살구꽃, 목련꽃, 벚꽃이
누가 먼저 피나 서로 다투듯 피었어.
마을 길은 개나리 꽃길,
뒷산은 진달래 꽃동산.
벌써 벌레들이 와서 붕붕 잉잉 잔치를 벌였어.
애들아, 어서 가자. 꽃잔치 가자.
노란 꽃으로 저고리 짓고 분홍 꽃으로 치마 지어
꽃마을 꽃잔치 꽃놀이 하러 가자.

두 가지 개나리꽃

개나리꽃을 잘 들여다보면 연두색 암술이 더 긴 꽃과,
노란 꽃가루가 묻은 수술이 더 긴 꽃이 있어.
개나리가 열매를 맺으려면 서로 다른 꽃끼리 꽃가루받이가 돼야 해.
그런데 암술이 긴 꽃이 핀 곳엔 온통 암술이 긴 꽃만 있고,
수술이 긴 꽃이 핀 곳엔 다 수술이 긴 꽃만 있어서
개나리는 열매를 잘 맺지 못해.

암술이 더 긴 꽃

수술이 더 긴 꽃

일찍 꽃 피는 나무

이른 봄, 마을에서 가장 먼저 꽃 피는 나무는 뭘까?
아파트 앞뜰엔 회양목이 가장 먼저 꽃 피고,
마을 공원엔 산수유, 매실나무가 가장 먼저 꽃 피어.
뒷산에는 생강나무, 개암나무가 가장 먼저 꽃 피지.

회양목

회양목꽃은 꽃잎도 없고 아주 작은데
꿀이 많아서 꿀 냄새가 물씬 나.
그래서 눈보다 코가 먼저 알아내.
이른 봄 꿀벌이 처음으로 찾아가는 게 회양목꽃이야.

회양목 열매 맺는 모습

4월
꽃받침과 수술이
말라서 떨어져.

5월
씨방이 부풀고
암술머리가
뿔처럼 변해.

6, 7월
갈색으로
여물어.

가을
세 갈래로 갈라져.
꼭 부엉이
세 마리 같아.

산수유, 생강나무

마을 공원에 산수유꽃이 필 때 뒷산에는 생강나무꽃이 피어.
산수유와 생강나무는 둘 다 잎보다 꽃이 먼저 피는데
노란색 꽃이 꼭 쌍둥이처럼 닮았어.
산수유꽃과 생강나무꽃을 어떻게 구별할까?

꽃구경 가자!
산수유꽃 보러 공원으로 갈까?
생강나무꽃 보러 뒷산으로 갈까?

생강나무는 암나무와 수나무가 따로 있어.
잎눈
수꽃이 더 크고 포실해.
생강나무 수나무
수술 9개

잎눈
암꽃이 수꽃보다 더 성글어.
암술대
생강나무 암나무

잎눈
암술
수술 4개
꽃잎 4장
꽃자루
산수유

생강나무는 생강 냄새가 나.

생강나무, 산수유 구별하기

암꽃
수꽃
생강나무꽃은 긴 가지에 바로 붙어 달려.

짧은 가지
산수유꽃은 짧은 가지 끝에 달려.

매화, 살구꽃, 벚꽃

아파트 앞뜰에 매화, 살구꽃, 벚꽃이 차례대로 피어.
매화는 매실나무꽃, 벚꽃은 벚나무꽃이야.
매화가 지면 살구꽃이 피고, 살구꽃이 지면 벚꽃이 피어.
모두 잎보다 꽃이 먼저 피고 꽃잎은 다섯 장이야.
비슷하게 생긴 꽃들을 어떻게 알아볼까?
꽃받침, 꽃자루, 꽃잎을 보고 구별해 봐.

꼬리처럼 생긴 꽃

개암나무, 물오리나무, 참나무 수꽃은 꼬리처럼 길게 늘어져. 이런 꽃은 꽃가루를 바람에 날려서 꽃가루받이를 해. 늘어진 수꽃이 바람에 흔들리면 꽃가루가 날려.

진달래꽃, 철쭉, 산철쭉

진달래는 먹을 수 있어서 '참꽃'. 진달래 닮은 철쭉과 산철쭉은 먹을 수 없어서 '개꽃'이라 불러.
뒷산 진달래가 다 지고 나면 마을에 철쭉과 산철쭉이 피어.

진달래꽃에 찾아온 벌레

겨울잠에서 깬 배고픈 벌레들이
진달래꽃에 날아와서 꿀과 꽃가루를 먹어.
진달래꽃 앞에서 가만히 벌레를 기다려 봐.

물결넓적꽃등에

수중다리꽃등에

빌로오도재니등에
꽃 앞에서 정지 비행을
하면서 꿀을 빨아.

좀보날개풀잠자리
꽃 속에 머리를 처박고
꼼짝도 안 해.

게거미류
꿀을 찾아 날아오는
곤충을 사냥하려고
납작 엎드린 채 기다려.

구리꼬마꽃벌

양봉꿀벌
꿀벌이 빠르게 줄어들고 있어.
그 많던 꿀벌을
이젠 보기 힘들어.

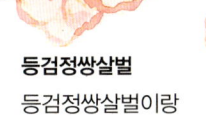

등검정쌍살벌
등검정쌍살벌이랑
맵시벌은 왜 온 걸까?

맵시벌류

빌로오도재니등에

양봉꿀벌

호박벌

진달래 꽃전 만들기

먹을 수 있는 진달래꽃도 꽃술은 먹으면 안 돼.
꽃술을 떼어 낸 꽃잎으로 진달래 꽃전을 만들어 먹어 봐.

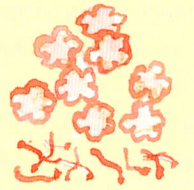

① 진달래 꽃술을 떼어 내.
② 진달래꽃을 물에 살살 씻어.
③ 체에 밭쳐서 물기를 빼.

④ 찹쌀가루에 소금 간을 살짝 해.
⑤ 끓는 물을 조금씩 부어 가며 익반죽해.
⑥ 찰지게 많이 치대 주면 좋아.

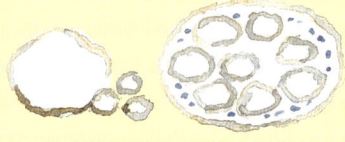

⑦ 찹쌀 반죽을 조금씩 떼어서 둥글납작하게 빚어.

⑧ 기름 두른 프라이팬에 올려서 부쳐.

⑨ 앞뒤로 맑은 색이 나게 익었으면 진달래꽃을 잘 붙이고 뒤집어서 5초쯤 익혀. 너무 오래 익히면 꽃색이 안 예쁘게 변해.

진달래꽃 필 때만 먹을 수 있어.

꿀에 찍어 먹으면 더 맛있어.

작은꽃, 조팝나무꽃과 단풍나무꽃

조팝나무꽃은 작은 꽃 여러 송이가 뭉쳐나서
커다란 꽃송이를 만들어.
단풍나무꽃은 작아도 꽃잎도 있고
꽃잎보다 고운 꽃받침도 있어.

다섯 갈래 수수꽃다리 찾기

수수꽃다리꽃은 꽃잎 위가 네 갈래로 갈라져.
다섯 갈래로 갈라진 꽃잎을 찾아서 먹으면
좋은 일이 생긴다고 해.
다섯 갈래 꽃잎 찾기도 하고
쌉싸래한 수수꽃다리 꽃잎도 맛보는 거야.

풋내, 꽃내음 가득한 풀놀이 꽃잔치

풀도 나무도 쑥쑥 자라는 5월이야.
아까시꽃이 팝콘처럼 피고
찔레꽃, 감꽃도 줄줄이 피어.
풋내, 꽃내음 가득한 5월이야.
토끼풀 뜯어서 마음껏 놀자.
아까시꽃 피면 아까시꽃 잔치 하며 놀고,
아까시꽃 지면 아까시잎 놀이 하며 놀자.
감꽃 목걸이 목에 걸고 찔레순 먹으며 놀자.

아파트 둘레가
온통 토끼풀밭이네.
곧 풀을 벨 테니까
그전에 실컷 놀자.

하루 종일
놀아도 재미나.

네 잎 토끼풀 찾기

토끼풀은 동그랗고 작은 잎이 세 장씩 모여나는데
더러 작은 잎이 네 장 나기도 해. 네 잎 토끼풀을 찾으면
좋은 일이 생긴대. 네 잎 토끼풀을 찾아봐.
다섯 잎, 여섯 잎 토끼풀도 찾아봐. 재밌게 생긴 잎도 있어.

네 잎   다섯 잎   재밌게 생긴 잎

토끼풀은 좋은 놀잇감이야.

네 잎 토끼풀 찾았다!

토끼풀

해가 잘 드는 아파트 앞뜰과 공원 잔디밭이 모두 토끼풀밭이야.
무성하게 자란 토끼풀은 싹 베어 내도 금세 다시 자라.
토끼풀은 생명력이 강해서 뿌리째 뽑아내지만 않으면
아주 오랫동안 살아.

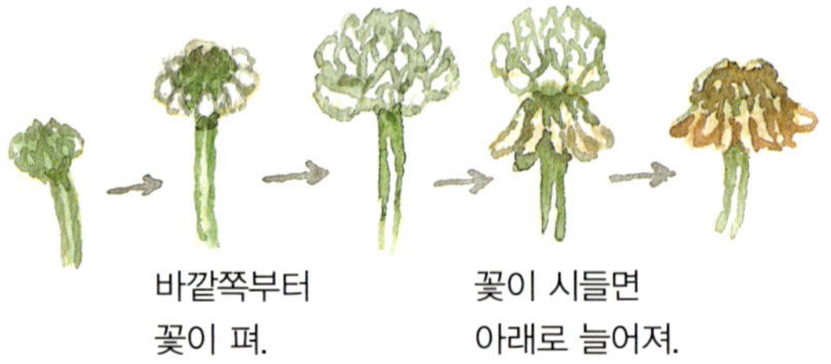

바깥쪽부터 꽃이 펴.

꽃이 시들면 아래로 늘어져.

꽃자루 끝에 작은 꽃이 뭉쳐나.

잎자루 끝에 작은 잎이
세 장 모여서 달려.
더러 네 장이 달리기도 해.
흰 줄무늬가 있는 잎도 있어.

줄기 마디에서
잎자루와 꽃자루,
뿌리가 나와.

줄기가 땅을 기면서
넓게 퍼져서 자라.

뿌리혹박테리아

토끼풀을 닮은 붉은토끼풀과 자운영

붉은토끼풀   자운영

토끼풀꽃 머리 땋기

① 토끼풀이나 붉은토끼풀을
   머리카락 사이에 넣고 같이 땋아.
② 꽃 여러 송이를 줄줄이 넣고 땋아.
③ 땋은 머리카락 끝을 토끼풀 잎자루로 묶어.

토끼풀 꽃팔찌

토끼풀은 꽃자루랑 잎자루가 질겨서
팔찌 따위를 만들며 놀기 좋아.

머리에 두르면 머리띠
목에 걸면 목걸이.

① 꽃자루가 긴 토끼풀꽃 두 송이를 뜯어.
　한 송이는 꽃송이 바로 밑을 손톱으로 갈라.
② 다른 한 송이를 갈라진 틈에 끼워.
③ 팔목에 돌려 감고 묶어.

토끼풀 꽃반지 1

토끼풀 꽃자루를 반으로 갈라서
손가락에 돌려 감고 묶어.

토끼풀 꽃반지 2

① 꽃자루를　② 손가락에 끼우고　③ 꽃자루 끝을
　두세 번　　 꽃자루 끝을　　　　잘라 내.
　꼬아서 감아.　당겨서 조여.

토끼풀 꽃목걸이

 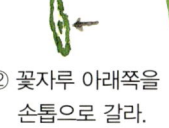

② 꽃자루 아래쪽을
　손톱으로 갈라.

④ 같은 방법으로
　잇달아 끼워.

① 토끼풀꽃 10여 송이를
　꽃자루 길이가
　5센티미터쯤 되게 잘라.

③ 갈라진 틈에
　다른 꽃을 끼우고
　아래쪽을 갈라.

⑤ 마지막 것은 잎자루를
　넓게 갈라서 처음 꽃송이를
　끼워 넣어.

토끼풀 꽃머리띠

③ 촘촘하게
　계속 엮어.

① 토끼풀꽃을　② 토끼풀 꽃자루를
　50송이쯤 뜯어.　그림처럼 감아서
　　　　　　　　　묶어.

④ 꽃자루 끝을
　잘라 내.

⑤ 두 끝을 잎자루로
　묶어서 이어.

토끼풀 안경

 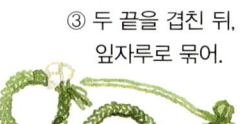

③ 두 끝을 겹친 뒤,
　잎자루로 묶어.

② 머리 땋듯이
　땋아.

① 꽃자루가 긴
　토끼풀꽃
　세 송이를 뜯어.

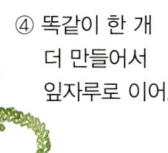

④ 똑같이 한 개
　더 만들어서
　잎자루로 이어.

아까시나무

아까시나무는 헐벗은 산을 푸르게 해 줘.
나무가 단단하고 잘 안 썩어서 목재로 쓰기 좋아.
꽃에는 꿀이 많고 잎은 토끼, 염소, 소가 잘 먹어.

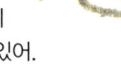

수술 밑부분이
씨방을 싸고 있어.

아까시꽃 따 먹기

아까시꽃은 먹을 수 있어.
아까시꽃을 송이째 따.
가위바위보 해서 이긴 사람이
한 개씩 따 먹는 거야.

가위바위보!

앗, 가시!
가시 조심해.

활짝
핀 것보다
조금 덜
핀 걸 따.

아까시꽃 튀김

① 아까시꽃을
송이째 따.

② 물에 씻은 다음
체에 밭쳐 물기를 빼.

③ 튀김 가루에 물을 붓고
묽게 반죽해서 튀김옷을
만들어.

④ 아까시꽃에 튀김옷을
살짝 입혀.

⑤ 끓는 기름에
바삭하게 튀겨.

정말
맛있다!

꽃 지기 전에
또 해 먹자.

아까시잎 따기

아까시잎은 작은 잎 여러 장이
새의 깃 모양으로 조르르 달렸어.
아까시잎으로 할 수 있는 놀이는 정말 많아.
아까시잎 따기 놀이부터 해 볼까?

① 아까시잎이 달린 가지를 사람마다 하나씩 준비해.
② 잎을 떼서 작은 잎 수가 모두 같도록 맞춰.
③ 가위바위보 해서 이긴 사람이 작은 잎을 한 장씩 떼.
④ 먼저 다 뗀 사람이 이겨.

아까시잎 폭탄

① 작은 공을 손에 쥔 것처럼 손을 둥글게 말아서 구멍을 만들어.
② 아까시잎을 구멍 위에 올려.
③ 다른 손 손바닥을 쫙 펴서 잎을 내리쳐. 잎사귀가 터지면서 소리가 나.

아까시잎 불어서 떼기

① 아까시잎에 침이나 물을 묻혀서 이마, 코, 턱에 붙여.

② 손대지 않고 입으로 불어서 떼어 내.
③ 먼저 다 떼어 낸 사람이 이겨.

아까시 파마

놀고 남은 아까시 잎자루로 아까시 파마를 해 봐.

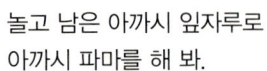
잎을 다 떼어 낸 잎자루

① 잎자루를 반 접어.

② 머리카락 끝을 잎자루에 끼워.

③ 잎자루에 머리카락을 돌돌 말아.

④ 잎자루 두 끝을 고리에 끼워 넣어.

⑤ 쭉 잡아당겨서 조이고 한 시간쯤 지나면 풀어.

파마 잘됐네! 히히!

아까시 잎자루 씨름

작은 잎을 다 떼어 낸 잎자루를 서로 엇갈려 걸고, 당겨서 끊는 놀이야. 먼저 끊어진 사람이 져.

당겨! 먼저 당겨!

아까시 가시 놀이

아까시 가시를 떼서 침을 발라 얼굴에 붙여. 코에 붙일까, 이마에 붙일까?

아까시 가시는 턱잎이 변한 거야. 가시가 잘 떼어져.

떼어 낸 가시

침을 살짝 발라서 붙여.

나는 낮도깨비다!

오동나무꽃

봄이 가면서 연보랏빛 오동나무꽃이 뚝뚝 떨어져.
예쁘고 향기 좋은 오동나무꽃을 주워서 무얼 할까?

참오동나무꽃 안쪽에는
자주색 줄무늬가 있어.

참오동나무

오동나무

오동나무꽃 꽃다발

오동나무꽃은
길쭉한 통 모양이야.
오동나무꽃에
작은 풀꽃들을 꽂아서
꽃다발을 만들어.

찔레꽃

찔레꽃 꽃잎은 다섯 장이야.
찔레꽃도 먹을 수 있지만
찔레순을 더 많이 먹어.
찔레순은 어떤 맛일까?

찔레순 먹기

찔레순을 잘라서 껍질을 벗기고 속살을 먹어.
시큼 달짝한 찔레순을 먹으면 힘이 불끈!
감기도 뚝 멈출 거야.

찔레순 가시는
연해.

감꽃

감나무 밑에 감꽃이 한가득 떨어졌어.
감나무는 한 나무에 암꽃과 수꽃이 같이 피어.
큼직한 게 암꽃이고 작고 동글동글한 게 수꽃이야.
대체로 암꽃은 꽃잎만 떨어지고
수꽃은 꽃받침이 붙은 채 떨어져.
감꽃은 먹을 수 있어. 달큰 떨떠름한 맛이 나.

감나무 암꽃
수꽃보다 꽃이 크고
꽃받침도 훨씬 커.

감나무 수꽃
암꽃보다 작은 꽃이
3∼5개씩 모여서 달려.

감꽃 닮은 고욤나무꽃

고욤나무는 암나무와 수나무가 따로 있어.
감꽃을 똑 닮았는데 크기는 감꽃 절반만 해.

감꽃 목걸이

실에 감꽃을 꿰어 엮어서 목걸이, 팔찌를 만들어.
솔잎에 실을 걸어 끼우고 꽃을 꿰면 잘 꿰어져.

고욤나무꽃은 작아도 엮으면 꼭 보석 같아.

솔잎

목걸이를 서너 번 감아서 팔에 두르면 감꽃 팔찌.

암꽃 목걸이

수꽃 목걸이

감꽃 목걸이 두르고 있다가 감꽃 한 개씩 떼어서 먹어.

감꽃 토끼풀 팔찌, 목걸이

토끼풀 잎자루에 감꽃 수꽃을 꿰서 손목에 둘러 묶으면 감꽃 토끼풀 팔찌.

토끼풀꽃 두 송이를 팔찌 만들 때처럼 끼우고 꽃자루에 감꽃을 꿰서 목에 둘러 묶으면 감꽃 토끼풀 목걸이.

머리에 둘러도 예뻐.

풀대에 꿴 감꽃 목걸이

텃밭에서 놀자

텃밭에 무얼 심을까?
감자, 상추, 열무, 오이, 가지, 고추…….
맛있는 방울토마토랑 고구마는 꼭 심어야지.
밭 갈고 씨 뿌리는 것도 텃밭에선 신나는 놀이야.
텃밭엔 풀이 많이 자라서
크게 자라기 전에 김매기를 해야 해.
텃밭엔 벌레도 많고 벌레 잡는 것도 재미있어.
작물을 먹는 벌레는 잡고
농사를 돕는 벌레는 놔둬.
풀도 많고 벌레도 많은 텃밭은
살아 있는 놀이터야.

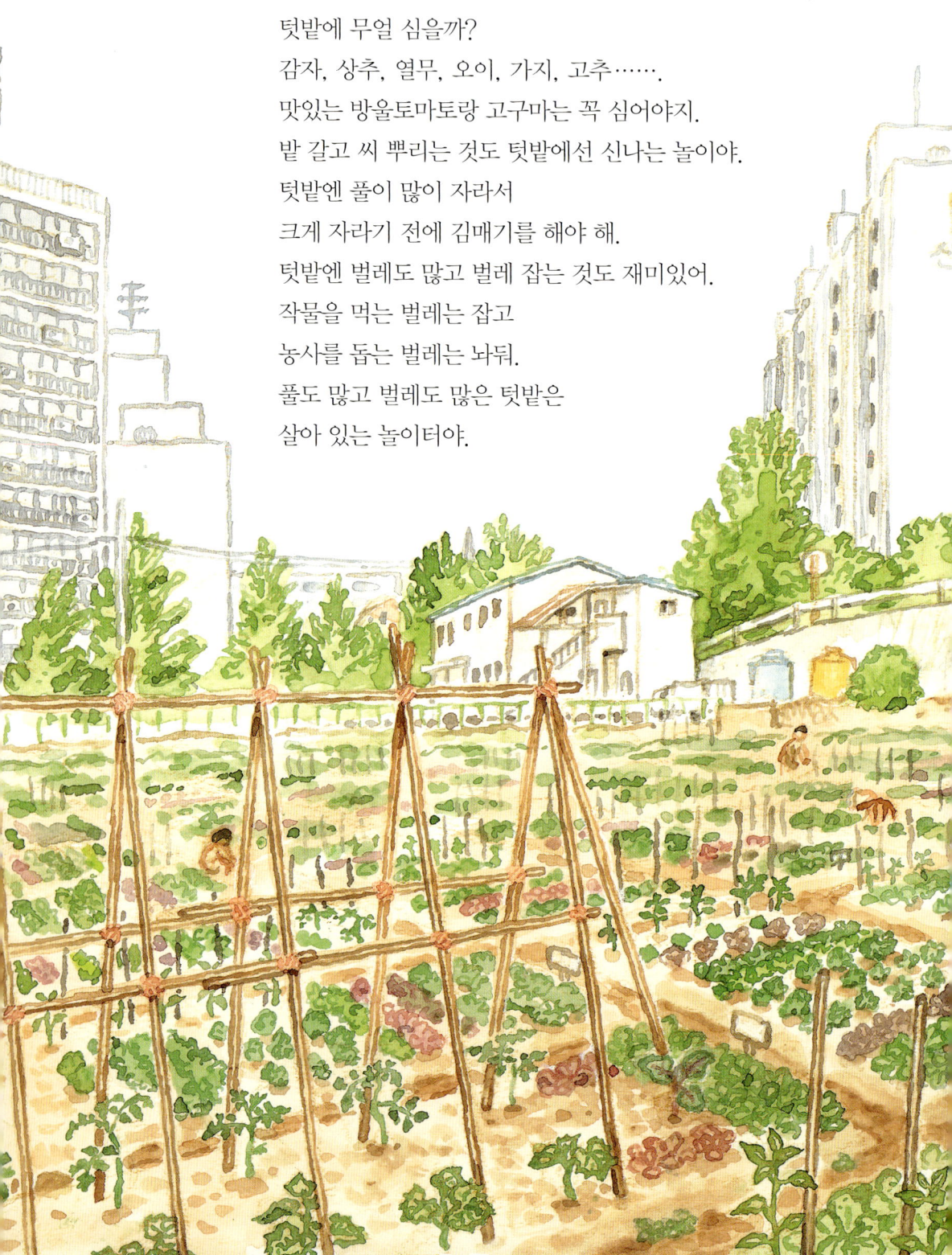

밭갈이

작물을 심으려면 먼저 겨울 동안 단단해진 밭을 갈아야 해.
흙을 쌓아 두둑을 만들고 두둑 사이에 사람이 다니기 좋게 고랑을 만들어.
두둑에 퇴비를 뿌리고 갈아엎어 섞은 다음 잘 고르면 작물 심을 준비가 끝나.

삽
괭이
쇠발고무래

농기구를 쓸 때는 다치지 않게 조심해.
두둑에 퇴비를 뿌리고
삽이나 괭이로 갈아엎고
쇠발고무래로 잘 고르면
씨 뿌릴 준비 끝!

고랑
두둑

우아, 흙속에 꼬물꼬물 벌레들이 많아!

무얼 더 심을까?
방울토마토를 심을까?
가지를 심을까?

텃밭 가꾸기

텃밭에 여러 가지 채소를 조금씩 심을 거야.
상추처럼 잎을 먹는 채소, 가지와 오이처럼 열매를 먹는 채소,
고구마처럼 뿌리를 먹는 채소를 골고루 심어야지.
채소마다 심는 방법이 달라.
상추는 씨를 뿌리거나 모종을 심고, 가지랑 토마토는 모종을 심어.
감자는 씨감자를 심고, 고구마는 순을 심어.

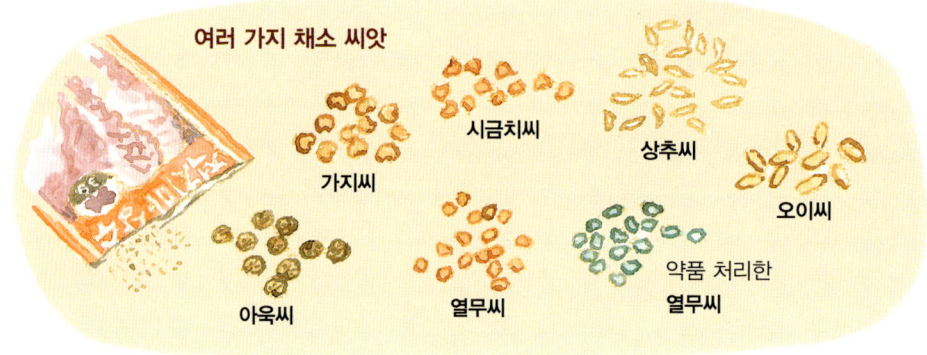

여러 가지 채소 씨앗

가지씨, 시금치씨, 상추씨, 오이씨, 아욱씨, 열무씨, 약품 처리한 열무씨

상추씨 뿌리기 (3월 말~4월)

상추씨는 깊게 심으면 싹이 잘 안 나니까
아주 얕게 심어야 해.

① 금을 긋듯 골을 낸 자리에 씨를 뿌려.

② 그 위에 흙을 살살 흩어 뿌려서 덮어.

씨를 섞은 흙

③ 상추씨처럼 한 알씩 뿌리기 힘든 작은 씨앗은 미리 고운 흙과 섞은 다음, 흩어뿌리는 방법도 있어.

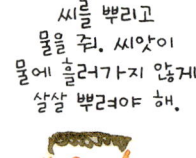

씨를 뿌리고
물을 줘. 씨앗이
물에 흘러가지 않게
살살 뿌려야 해.

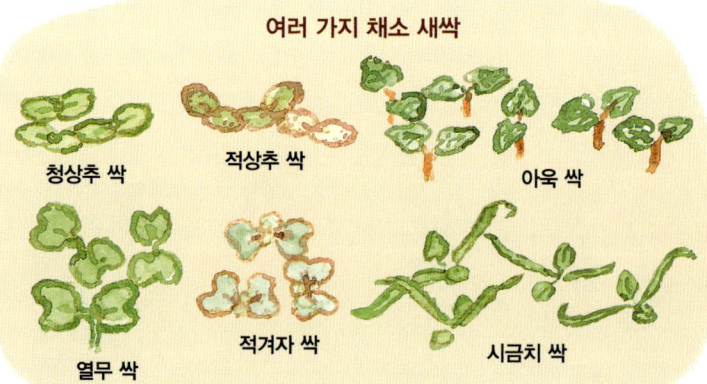

여러 가지 채소 새싹

청상추 싹, 적상추 싹, 아욱 싹, 열무 싹, 적겨자 싹, 시금치 싹

감자 심기 (3월 말)

씨감자를 잘라서 심어. 큰 것은 네 쪽, 작은 것은 두 쪽으로 잘라. 씨눈이 골고루 있게 잘라.

씨감자 — 씨눈에 싹이 조금 돋은 게 좋아.

호미

씨 뿌리고 모종을 심을 때 흙을 파고 덮는 데 쓰고, 김맬 때도 쓰는 농기구야.

날이 서 있어서 풀을 자를 수 있어. 여기로 김을 매.

둥근 끝으로 부드러운 흙을 파.

평평한 등으로 덮어.

뾰족한 끝으로 단단한 흙을 파.

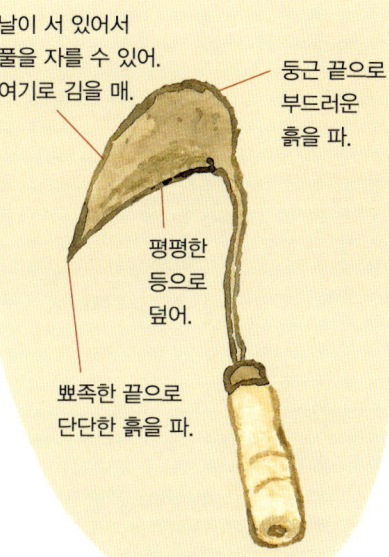

작은 텃밭에서는 두둑을 만들지 않고 감자를 심어. 호미 길이(30센티미터)만큼 간격을 두고 하나씩 심어.

① 호미 자루 길이(10센티미터)로 구멍을 파.
② 씨감자 씨눈이 위로 향하게 놓아.
③ 흙을 조금 높게 덮어.

감자 가꾸기

순치기
보름쯤 지나면 싹이 땅 위로 올라와. 씨감자에서 순이 4~5개 자라는데, 한 달쯤 자랐을 때 순을 한두 개만 남기고 잘라.

북주기
감자가 자라면서 땅 위로 드러나면 색이 푸르게 변해. 그래서 북(식물 뿌리를 덮고 있는 흙)을 돋우어 줘야 해. 줄기가 한 뼘쯤 자랐을 때와 꽃봉오리가 맺힐 때, 두 차례 북주기를 해.

꽃 따 주기
감자꽃을 따 주어야 양분이 감자로 가서 감자알이 굵어져.

난 감자꽃 안 딸 거야. 감자 먹는 것보다 감자꽃 보는 게 더 좋거든.

나도 꽃이 좋아.

자주꽃 핀 건 자주감자야.

파 보나 마나 자주감자!

방울토마토 모종 심기 (4월 말~5월 초)

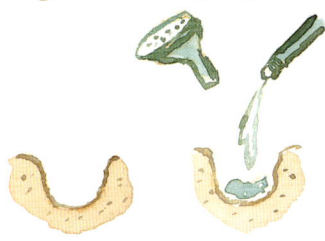   

① 호미 길이만큼 간격을 두고 모종 수대로 구멍을 파.

② 물뿌리개 주둥이를 떼고 물을 듬뿍 줘.

③ 물이 밑으로 모두 스며들면 포트를 벗긴 모종을 구멍에 넣어.

④ 흙을 덮어.

모종 빼기
모종을 뺄 때 포트 밑을 누르면 모종이 쉽게 빠져.

방울토마토 가꾸기

곁가지 치기
잎줄기와 원줄기 사이에 줄곧 생기는 곁가지를 잘라 줘.

줄 매기
30센티미터 간격으로 버팀대와 줄기를 묶어.

웃거름 주기
방울토마토는 가을까지 계속 열매를 맺으니까 한 달에 한 번씩 웃거름을 줘. 줄기에서 조금 떨어진 곳에 구덩이를 파고 거름을 넣어.

원줄기 / 곁가지 / 줄 맬 때 버팀대에는 줄을 단단히 묶고 줄기에는 느슨하게 묶어. / 버팀대

버팀대 세우기
모종 심기 전에 버팀대를 먼저 단단히 박아 세워.

고구마 순 심기 (5월 말~6월 초)

고구마 순

고구마 순 끝을 세워서 비스듬히 심는 거야.

① 호미로 길게 골을 내.

③ 고구마 순 끝을 들면서 흙을 덮어.

② 골에 고구마 순을 늘어놓아.

④ 물을 흠뻑 뿌리면 고구마 순 심기 끝!

텃밭 둘레에서 자라는 풀

텃밭 둘레에 고들빼기, 고들빼기 닮은 선씀바귀,
애기똥풀, 뱀딸기, 괭이밥이 많이 자랐어.
농부들에게는 성가신 풀이지만 땅을 기름지게 해.
그런데 고들빼기와 선씀바귀는 어떻게 구별할까?

꽃이 조금 더 크고 부드러워.

줄기잎이 줄기를 감싸지 않아.

애기똥풀

줄기잎이 줄기를 감싸.

고들빼기

선씀바귀

애기똥풀 손톱 꾸미기

애기똥풀은 잎이나 줄기를 끊으면 노란 물이 나와.
노란 물로 손톱을 칠해서 꾸며 봐.
독이 있으니까 먹으면 안 돼! 조심!

뱀딸기 맛보기

뱀딸기는 독이 없어서 먹을 수 있어.
무슨 맛일까?

뱀딸기

여러 번 바르면 노란색이 짙어져.

뱀딸기 반지

뱀딸기 열매 자루를 둥글게 엮어서
손가락에 끼우거나 다른 줄기를 덧대 묶어.

괭이밥잎 맛보기

괭이밥잎은 엄청 시고 맛나.

괭이밥

십자화과 풀들 열매와 씨앗

냉이, 꽃다지, 황새냉이, 개갓냉이, 속속이풀은 모두 십자화과 풀이야.
십자화과 풀들 열매를 살펴보자.

황새냉이 씨앗 날리기

잘 여문 황새냉이 열매를 건드리면 열매가 폭탄처럼 터져서 씨앗을 날려 보내.
막대기로 건드려 봐.

서양민들레

텃밭에서 저절로 자란 서양민들레는 뽑아 버리지 않고 키워서 나물로 먹어.
서양민들레꽃은 한 송이처럼 보이지만 수백 개 꽃송이가 뭉쳐서 핀 거야.

가장자리 꽃은 꽃잎 뒤가 검어.

암술
꽃잎
수술
갓털
씨방

서양민들레 꽃시계

① 꽃대를 반으로 갈라.

② 손목에 예쁘게 묶어.

손가락에 묶으면 왕반지야.

서양민들레 씨

서양민들레꽃이 지면 씨가 여물면서
갓털 자루가 길게 자라.

꽃봉오리

서양민들레 씨 날리기

서양민들레 씨를 한 번에 불어서
남김없이 다 날리면 좋은 일이 생긴대.
누가 더 많이 날리는지 겨뤄 봐.

서양민들레 꽃대 피리

씨를 날리고 남은 꽃대를 잘라서
피리를 불어 봐.
끝을 납작하게 눌러 입에 물고 불어.
끄트머리를 물지 말고 중간쯤 물고 불어.

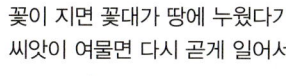

꽃이 지면 꽃대가 땅에 누웠다가
씨앗이 여물면 다시 곧게 일어서.

뿌---   삐---   끝이 갈라졌어.

텃밭에서 찾은 벌레

흙속에도 벌레, 토마토랑 열무잎에도 벌레.
발발 기어가는 벌레, 톡톡 튀는 벌레, 날아다니는 벌레.
텃밭에는 벌레가 많아. 농사에 피해를 주는 벌레도 있고
도움이 되는 벌레도 있으니까, 잘 살펴봐.

열무잎에서 찾은 벌레

벌레들은 열무잎을 좋아해.
벌레들이 파먹어서 열무잎에 구멍이 송송 뚫렸어.
무슨 벌레들이 꼬였는지 찾아봐.

달팽이　　**작은뾰족민달팽이**

어른벌레　애벌레
북쪽비단노린재

알락수염노린재

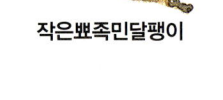

애벌레

어른벌레
무잎벌

열무에 꼬인 벌레 잡기

벌레들이 열무잎을 다 먹어 버리기 전에 벌레를 잡아야지.
벼룩처럼 톡톡 튀어 달아나는 벼룩잎벌레,
잡으려고 하면 밑으로 떨어져 버리는
좁은가슴잎벌레 애벌레는 어떻게 잡을까?

애벌레

어른벌레
좁은가슴잎벌레

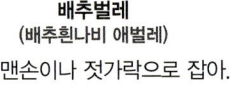

벼룩잎벌레
크기가 아주 작아.

배추벌레
(배추흰나비 애벌레)
맨손이나 젓가락으로 잡아.

벼룩잎벌레는
통과 뚜껑을 두 손에 쥐고
통으로 슬며시
몰아서 잡아.

좁은가슴잎벌레 애벌레,
무잎벌 애벌레는
통을 밑에 받치고 건드리면
통 안으로 떨어져.

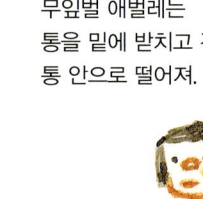

여러 가지 무당벌레

텃밭에서는 여러 무당벌레를 볼 수 있어. 무당벌레, 칠성무당벌레, 꼬마남생이무당벌레는 작물에 피해를 주는 진딧물 따위를 잡아먹어서 농사를 도와. 큰이십팔점박이무당벌레는 감자, 가지, 토마토 같은 가지과 작물을 먹어서 농사에 피해를 줘.

모양이 다른 무당벌레 어디까지 찾아봤니?

무당벌레

무늬랑 색깔이 달라도 다 무당벌레야.

무당벌레 한살이

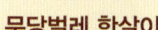

무당벌레 알

| | **2령 애벌레** | **종령 애벌레** | **번데기** | **어른벌레** |

칠성무당벌레 / **애벌레**

진딧물을 잡아먹는 애벌레

자기들끼리 서로 잡아먹기도 해.

꼬마남생이무당벌레 / **애벌레**

여러 무늬와 색깔을 지닌 어른벌레

큰이십팔점박이무당벌레

애벌레

가지과 식물의 잎을 먹어.

큰이십팔점박이무당벌레 애벌레를 잡아먹는 무당벌레 애벌레

무당벌레붙이
무당벌레를 닮았지만 무당벌레가 아니야.

땅속 벌레

텃밭을 갈면 흙속에서 벌레가 우글우글 많이 나와.
지렁이, 땅지네, 땅강아지, 개미,
굼벵이(풍뎅이류 애벌레), 먼지벌레.
텃밭을 일구는 농부가 되려면
땅속 벌레와 친해져야 해.

텃밭 둘레에서 만난 벌레

유채꽃 꿀을 빠는
배추흰나비

쇠별꽃에 앉은
물결넓적꽃등에

애기똥풀에 앉은
호리꽃등에

꽃마리 꿀을 빠는
꼬마꽃등에

서양민들레 꿀을 빠는
양봉꿀벌

끝검은말매미충

감자꽃 밑에 숨은
꽃게거미 암컷

풀색노린재

청사초 이삭에 붙어 있는
더듬이긴노린재

진딧물이 내는
단물을 빠는
곰개미

우리가시허리노린재

속속이풀에 붙은
진딧물

벌레들한테도
텃밭은 식당이고
놀이터네!

여름 마을 놀이터

6월 산딸기, 버찌, 오디 먹으러 가자
　　　여름 꽃밭에서 놀자

7월 여름 나무랑 놀자
　　　찰방찰방 개울 탐험

8월 여름 곤충이랑 놀자
　　　풀이 쑥쑥 메뚜기가 툭툭

산딸기, 버찌, 오디 먹으러 가자

6월은 마을과 숲이 맛있어지는 철이야.
초여름 햇볕 듬뿍 받고
버찌, 오디, 산딸기, 앵두, 뜰보리수, 살구가
까맣게, 빨갛게, 불그레하게 여물어.
아파트 앞뜰엔 앵두가 탱글탱글 탐스럽게 익었고
마을 공원 뽕나무 가지엔 새까만 오디가 다닥다닥,
뜰보리수 가지엔 살 오른 빨간 열매가 조롱조롱,
숲에서는 산딸기와 버찌가 맛있게 익어 가.
애들아, 산딸기, 버찌, 오디 먹으러 가자.
열매 다 떨어지기 전에 실컷 먹고 신나게 놀자.

산딸기

산딸기는 숲이나 들에서 흔히 자라.
숲 안쪽보다 숲 언저리나 숲길 가장자리에서 자라.

열매

산딸기 열매는 초여름에 붉게 익어.

잎이 3~5갈래로 갈라져.

잎자루, 줄기에 가시가 많아.

5월에 흰색 꽃이 펴.

올해 자란 가지는 초록색

지난해 자란 가지는 적갈색

산딸기

가시 조심해!

나뭇잎 바구니에 산딸기를 따서 담아.

산딸기 나뭇잎 바구니

커다란 신갈나무잎으로 바구니를 만들어서 산딸기를 담아.

바구니 1

신갈나무잎

점선대로 반을 접어.

① 점선대로 한쪽을 접어.

② 이쑤시개로 살짝 구멍을 뚫고 풀대를 꿰어.

풀대

산딸기를 따서 담아.

바구니 2

① 점선대로 양쪽을 접어.

② 풀대를 꿰어.

풀대

줄딸기, 멍석딸기

줄딸기, 멍석딸기는 산딸기 다음으로 흔해.
줄딸기는 산딸기보다 먼저 꽃이 피고,
멍석딸기는 산딸기보다 늦게 꽃이 피고 열매도 늦게 여물어.

작은 잎이
5~9장 달려.

작은 잎이
3장 달려.

줄딸기
꽃과 열매가
줄지어 달려서
줄딸기라 불러.

멍석딸기
멍석을 깐 것처럼
줄기가 땅을
기며 자라서
붙은 이름이야.

줄딸기는 4~5월에
잎겨드랑이의 꽃자루 끝에
연분홍 꽃이 한 송이씩 펴.

멍석딸기는 6월에
줄기 끝에 분홍색 꽃이
모여서 펴.

산딸기 잼 만들기

① 산딸기를
깨끗이 씻어.

② 체에 밭쳐
물기를 빼.

③ 냄비에 산딸기, 설탕을
1:1 비율로 넣고
약한 불에 끓여.

④ 설탕이 다 녹고
끓기 시작하면
계속 저어.

⑤ 알맞게 졸인 다음
레몬즙 몇 방울을
넣고 저어 주면 완성.

⑥ 뜨거울 때
병에 담아.

산딸기 손가락 인형

산딸기를 손가락 끝에 끼우고
손가락에 얼굴을 그려.

손가락
인형이라서
빼 먹기가
좀……

산딸기를
열 손가락에 끼우고
한 개씩 빼 먹으니까
더 맛있어!

버찌, 오디

벚나무 열매는 버찌, 뽕나무 열매는 오디라고 해.
먹기 좋게 익으면 까맣게 돼.
버찌가 더 맛있을까, 오디가 더 맛있을까?
입안이 까맣게 되도록 실컷 먹어 봐.

오디 꼬치

풀대에 오디를 꿰어 들고 다니면서 빼 먹어.

버찌 나뭇잎 바구니

커다란 벚나무잎으로 바구니를 만들어서 버찌를 담아.

① 커다란 벚나무잎을 점선대로 접어. ② 겹쳐 접은 곳을 풀대로 꿰어. ③ 버찌를 담아.

버찌 손톱 꾸미기

버찌즙을 손톱에 칠해. 마른 뒤에 즙을 한 번 더 덧칠하면 색이 진해져.

버찌, 오디 얼굴 꾸미기

얼굴에 버찌즙, 오디즙으로 그림을 그려서 꾸며.

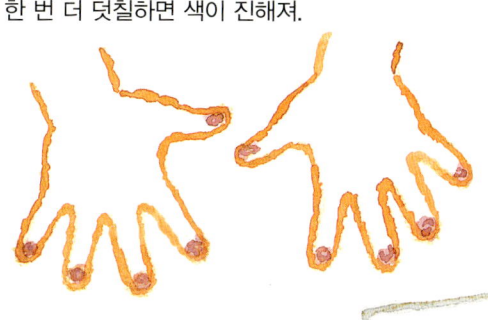

버찌, 오디 물감

버찌, 오디를 컵에 넣고 나뭇가지로 찧어서 즙을 내.

버찌 물감 그림

오디 물감 그림

여럿이 함께 커다란 그림을 그리자.

버찌씨 총알

버찌 먹고 남은 씨나 풋버찌를 대롱에 넣고 '훅!' 불어서 총알처럼 쏴.

사인펜이나 볼펜 대롱

버찌씨

풋버찌

앵두, 뜰보리수, 살구

앵두, 뜰보리수 열매는 빨갛게,
살구는 연주황색으로 잘 여물었어.
새콤달콤 맛있게 잘 익었어.

앵두는 열매 자루가 짧아서
가지에 붙어 달려.

앵두나무

뜰보리수나무

살구

살구씨

뜰보리수 열매는
긴 열매 자루 끝에 달렸어.

앵두씨 멀리 뱉기

앵두를 먹고 입안에 남은 씨를 힘껏 뱉어서
멀리 날리는 거야. 누가 가장 멀리 뱉을까?
큼직한 살구씨, 작은 버찌씨,
뜰보리수씨로도 해 봐.

살구씨 피리

① 살구씨 양쪽 면이 평평해지도록
콘크리트 바닥이나 사포에 갈아.

② 껍질에 작은 구멍이 생기면
칼날 끝을 구멍에 넣고 살살
돌려서 구멍을 조금 더 넓게 뚫어.
반대편도 똑같이 해.

③ 압핀이나 바늘로
구멍 속을 깨끗이
파내.

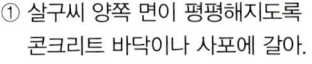

껍질이 단단해서
구멍 뚫기도 힘들고
속 파내기도 힘들어.

삐!
삐!
삐!

④ 살구씨 피리 완성.
입에 물고 불어.

숨을 내쉴 때와
들이마실 때
다 소리가 나.

앵두 주스 만들기

① 깨끗이 씻은 앵두를 냄비에 넣고 약한 불에 뭉근하게 끓여.
② 체에 밭쳐서 씨를 걸러.
③ 앵두 양만큼 설탕을 넣어.
④ 끓으면 불을 약하게 해서 졸여.
⑤ 뜨거울 때 병에 담아.

버찌 주스 만들기

몇 숟가락씩 물에 타서 마셔. 얼음을 넣어 마시면 더위가 싹 가셔.

① 깨끗이 씻은 버찌를 냄비에 넣고 물을 조금 부어.
② 불에 올린 다음 씨가 빠질 때까지 뭉근하게 끓여.
③ 체에 밭쳐서 씨를 걸러.

④ 버찌 양만큼 설탕을 넣어.
⑤ 저어 가면서 끓여.
⑥ 알맞게 졸여서 뜨거울 때 병에 담아.
⑦ 물에 몇 숟가락씩 타서 마셔.

오디 잼 만들기

난 빵에 발라 먹을 거야.

① 오디를 깨끗이 씻어.
② 냄비에 오디와 설탕을 1:1 비율로 넣고 약한 불에 끓여.
③ 설탕이 다 녹고 끓기 시작하면 계속 저어.

④ 알맞게 졸인 다음 레몬즙 몇 방울을 넣고 섞은 뒤 병에 담아.

백목련 풋열매

날이 더워지면 백목련 열매가 푸릇푸릇 익어 가.
그런데 백목련은 열매를 많이 떨구어 내.
열매를 다 떨구어 낼 거면 꽃은 왜 많이 피울까?

목련 풋열매
백목련 풋열매보다 크기가 작아.

수술이 떨어진 흔적
꽃잎이 떨어진 흔적

백목련

백목련 풋열매

백목련 풋열매 목걸이, 팔찌

① 백목련 풋열매를 칼로 납작납작하게 썰어.

② 실에 꿰어.

③ 말려.

④ 일주일쯤 지나 마르면 색이 바뀌고 단단해져.

⑤ 양쪽 끝을 묶으면 완성.

• 백목련 열매가 다 마를 때까지 일주일쯤 걸려.
 마르면서 크기가 줄어드니까 다 마른 뒤에 묶는 게 좋아.

풋감

다 여물지 않은 풋감과 고욤이
나무 아래 소복이 떨어졌어.
풋감으로 무얼 하면서 놀까?

풋감

풋고욤

풋감 팽이

풋감에 이쑤시개를 찔러 넣어서 팽이를 만들어.

① 이쑤시개를 끼우고 밑을 잘라.

② 이쑤시개 끝을
둥글게 갈면
풋감 팽이!

금세 뚝딱 만들 수 있어.

풋감 목걸이

풋감을 실에 꿰어 목걸이를 만들어.

풋고욤 팔찌

풋열매로 그리기

백목련 풋열매는 땅바닥에 낙서하기 좋아.
콘크리트 바닥에 백목련 풋열매로
그림도 그리고 글씨도 써 봐.
색이 차츰 진해질 거야.
목련 풋열매, 풋감으로도 해 봐.

커다랗게 그려야지.

여름 꽃밭에서 놀자

뙤약볕 내리쬐는 한여름이야.
벌레들은 더위를 피해 잠자고
아름드리나무도 축축 늘어졌는데
여름꽃들은 무더위에도 아랑곳없이 활짝 피었어.
앞뜰에 어른 키보다 더 크게 자란 접시꽃은
둥글넓적 접시처럼 송이송이 피었고,
담장에 능청능청 늘어진 능소화는
탐스러운 주황색 꽃이 줄줄이 피었어.
분꽃, 봉숭아, 깨꽃이 다투어 피고
마을 곳곳 빈 곳엔 하얀 개망초꽃이 가득 피었어.
한여름엔 마을이 다 꽃밭이야.

개망초가 빈 곳을 꽉 채우며 자랐어.

개망초 꽃밭이야.

키다리 접시꽃은 꽃도 큼직해.

개망초

개망초는 꽃이 꼭 달걀부침을 닮아서 달걀꽃이라고도 해. 아무 데서나 잘 자라서 한여름엔 빈터, 길가, 숲 언저리가 다 개망초로 뒤덮여. 개망초로 뭐 하고 놀까?

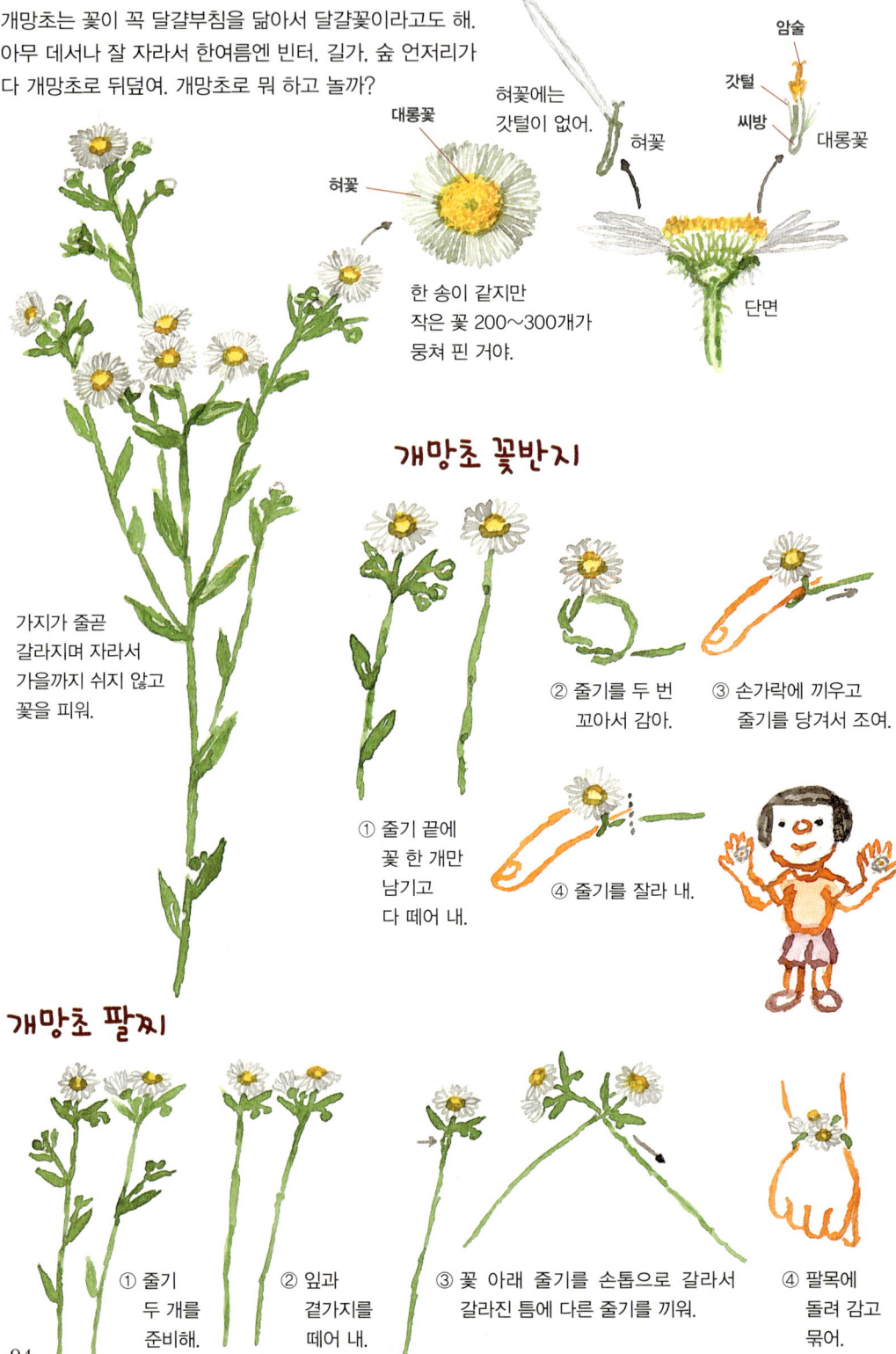

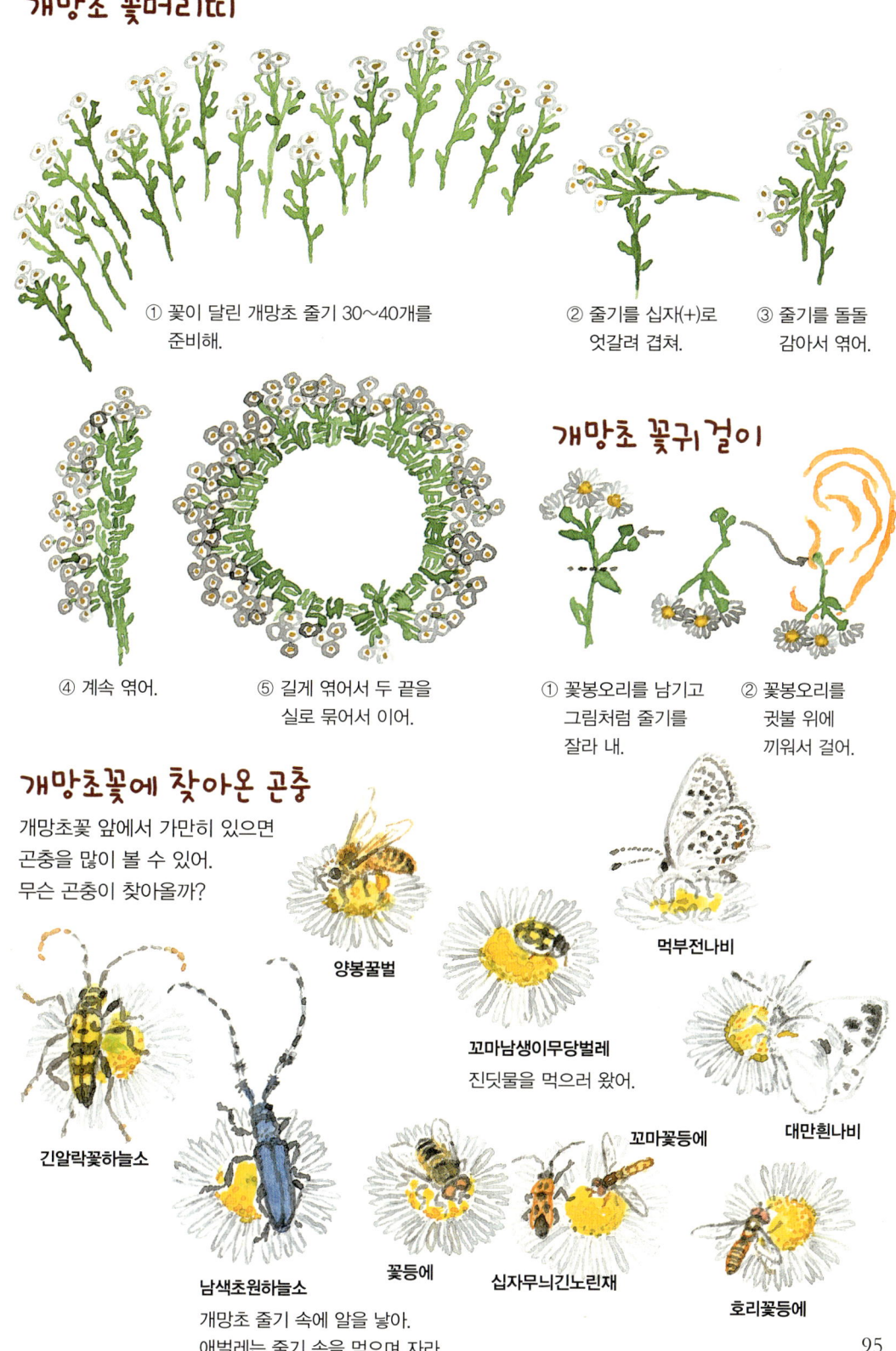

접시꽃

접시꽃은 아주 오래전부터 꽃을 보려고
집 둘레에 심어 길렀어.
어른 키보다 더 크게 자라고
접시처럼 둥글넓적하고 큰 꽃이 여름 내내 피어.

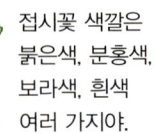
접시꽃 색깔은
붉은색, 분홍색,
보라색, 흰색
여러 가지야.

접시꽃 꽃잎 꾸미기

접시꽃 꽃잎 앞면과 뒷면을 가르면
속이 끈적끈적해서 얼굴이나 팔에 잘 붙어.

코와 턱에 붙이면
할아버지.

이마와 턱에 붙이면
수탉.

귀에 붙이면
달랑달랑 귀걸이.

에헴!

꼬꼬댁!
꼬끼오!

손등에
나비가
앉았어.

두 손등에
붙이고
나비처럼
훨 훨
날아가야지.

꽃잎 불어서 떼기

접시꽃 꽃잎을 코끝에 붙이고
입으로 불어서 떼는 놀이야.
누가 먼저 떼어 낼까?

후 후 잘 안 떨어져.

능소화

능소화는 여름 내내 피고 지고 해.
늘어진 가지마다 주황색 꽃이 다닥다닥 피어.
꽃이 질 때는 탐스러운 꽃송이가 뚝뚝 떨어져.
땅에 떨어진 꽃송이로 마음껏 놀 수 있어.

능소화 꽃목걸이

떨어진 꽃송이를 실에 꿰어 꽃목걸이를 만들어.

① 꽃받침을 떼고 실에 꿰어.

솔잎

② 솔잎을 바늘 삼아 실을 걸고 꿰면 좋아.

③ 실 가운데서 꽃송이가 마주 보게 양쪽에서 같이 꿰어.

커다란 꽃목걸이를 금세 만들었어.

④ 길게 꽃을 꿰고 두 끝을 묶어서 이어.

능소화 꽃바구니

① 능소화 꽃잎에 구멍을 두 개 뚫어.
② 토끼풀 꽃자루를 구멍에 끼워.
③ 꽃자루를 묶어.
④ 작은 풀꽃을 담아.

능소화 꽃탑 쌓기

꽃송이를 잇달아 쌓아 봐.
쓰러뜨리지 않고
꽃을 많이 쌓는
사람이 이겨.

능소화 꽃 그림

떨어진 꽃송이를
이어서 땅에다
그림을 그려 봐.

봉숭아

봉숭아는 여름 내내 고운 꽃이 펴.
봉숭아꽃으로 손톱을 곱게 물들여 봐.

봉숭아 손톱 물들이기

봉숭아잎

봉숭아 꽃잎

소금

백반

백반 대신 괭이밥을 넣어도 돼.

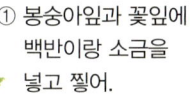

① 봉숭아잎과 꽃잎에 백반이랑 소금을 넣고 찧어.

② 찧은 것을 조금 떼어 손톱 위에 얹어.

③ 비닐이나 랩으로 손가락을 싸고 실로 묶어.

④ 반나절쯤 지나서 실을 풀어.

색을 짙게 들이려면 두세 번 더 물들여.

깨꽃

깨꽃은 여름부터 가을까지 쭉 꽃이 펴.
꿀이 많아 꽃을 따서 쭉쭉 빨면 달아.

깨꽃 꿀 빨아 먹기

대롱처럼 생긴 꽃잎 끝을 빨아 먹어.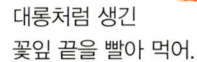

가위바위보! 이긴 사람이 먹기다!

깨꽃 목걸이

꿀을 빨아 먹은 깨꽃 꽃잎을 모아서 토끼풀에 꿰어 꽃목걸이를 만들어.

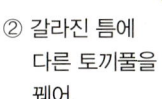

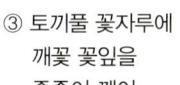

① 토끼풀꽃 바로 밑 꽃자루를 손톱으로 갈라.

② 갈라진 틈에 다른 토끼풀을 꿰어.

③ 토끼풀 꽃자루에 깨꽃 꽃잎을 줄줄이 꿰어.

④ 목에 둘러 묶어.

여름 나무랑 놀자

앗, 뜨거워! 한여름 땡볕!
시원한 나무 그늘 밑으로 가자.
아파트 뜰에도, 공원에도, 뒷동산에도
나무가 햇볕을 받아 푸르게 우거졌어.
어서어서 나무 밑으로 가서
푸른 나뭇잎에 숨은 비밀을 찾아보자.
나무에 깃들어 사는 벌레도 찾아보자.
매미 소리 들으며 나무 밑에서 놀다 보면
한여름 더위도 싹 잊을 거야.

맴 맴 맴

매미가 나무 꼭대기에서 울어.

참나무

숲에 가장 많은 나무가 참나무야.
신갈나무, 떡갈나무, 졸참나무, 갈참나무,
상수리나무, 굴참나무 들이 모두 참나무야.
먹을 수 있는 도토리가 달리니까 이름도 참나무지.

숲에서 참나무 여섯 형제를 찾아 보자.

신갈나무

잎 끝이 오목해.

떡갈나무

신갈나무잎, 떡갈나무잎은 잎자루가 거의 없어.

졸참나무

잎자루가 있어.

갈참나무

떡갈나무 산도깨비 가면

커다란 떡갈나무잎에 눈 구멍을 뚫고 나뭇가지를 끼우고서 입에 나뭇가지를 물어.

상수리나무

굴참나무

뒷면에 흰 털이 덮여 있어.

칡

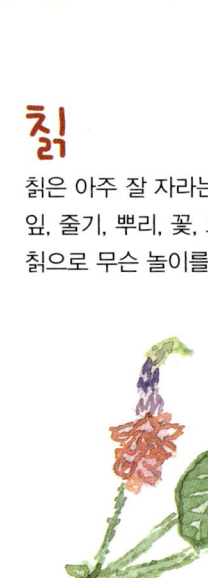

칡은 아주 잘 자라는 탓에 미움도 받지만
잎, 줄기, 뿌리, 꽃, 모두 두루두루 쓰임이 많아.
칡으로 무슨 놀이를 할까?

아래로 늘어지며
꽃이 피는 등나무와 달리
칡은 위로 꽃이 펴.

칡잎 무늬 새기기

커다란 칡잎을 접어서 이로 물면 멋진 무늬가 새겨져.
누가 더 멋진 무늬를 새길까?

① 잎 가장자리가 올록볼록 들어가지 않은 밋밋하고 커다란 칡잎을 골라. ② 한 번 접어.   ③ 두 번 접어.   ④ 세 번 접어.

 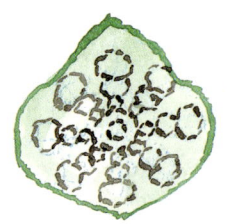 

⑤ 이로 물어서 무늬를 새겨.
잎이 끊어지지 않게 지그시 물어.   ⑥ 접은 칡잎을 펼치면
희끗한 잎 뒷면에 무늬가 새겨져.   더 멋진 무늬를 새겨 봐.

칡잎 꽃바구니

① 옆에 붙은 잎을 떼어 내.

② 점선대로 접어.

③ 점선대로 접어.

④ 가는 나뭇가지 끝을 뾰족하게 깎아.

⑤ 접은 잎을 겹쳐서 나뭇가지로 꿰.

⑥ 잎자루를 둥글게 말아서 칡 줄기 껍질로 묶으면 완성!

칡 잎자루 왕관

① 잎을 떼어 내고 잎자루만 남겨.

② 잎자루를 엮어.

③ 계속 엮어.

④ 머리 크기에 맞게 둥글게 해서 칡 줄기 껍질로 묶으면 완성!

나뭇잎 무늬 뜨기

나뭇잎 위에 종이를 얹어. 종이가 움직이지 않게 잘 잡고 색연필을 비스듬히 눕혀 문질러.

나뭇잎 무늬가 잘 드러나게 문질러.

마

계수나무

여러 가지 나뭇잎

길쭉한 나뭇잎, 둥그런 나뭇잎, 갈라진 나뭇잎, 무늬가 있는 나뭇잎, 냄새 나는 나뭇잎, 시큼한 나뭇잎. 모양도 크기도 다른 가지가지 나뭇잎. 재미있게 생긴 나뭇잎 모두 모아서 붙이면 참 멋지겠는걸!

산수유

수수꽃다리
잎이 아주 써.

철쭉

작살나무

국수나무

튤립나무

철쭉잎은 가지 끝에 돌아가며 달려.

작살나무잎은 가지에 두 장씩 마주 달려. 이 모양이 작살 같아서 작살나무라 불러.

국수나무잎은 가지에 서로 어긋나게 달려.

생강나무
생강 냄새가 나.

단풍나무

청미래덩굴
잎이 시큼해.

물오리나무

보리수나무
잎 뒷면에 은회색빛이 나.

자주색 반점이 있는 개암나무잎

개암나무

뽕나무
잎이 여러 모양으로 갈라지기도 해.

나무에서 찾은 벌레

벌레들은 나무를 좋아해. 나무는 벌레들 집이고 밥이야.
나무 둘레에서 많은 벌레를 볼 수 있어.
꼭꼭 숨어 있는 벌레를 찾아봐.

수컷은 빠르게
날아다녀.

수컷

암컷
암컷은 거의
움직이지 않아.

매미나방
숲길에 아주 많아.

수컷

암컷

넓적사슴벌레
참나무 숲에 많아.
낮에 참나무 밑 부엽토에 있다가
밤에 나무줄기로 올라와서
참나무 진액을 빨아먹어.

털에 독이 있어.

매미나방 애벌레

작은주걱참나무노린재

청동노린재

거품 속에
들어 있는 것은
무얼까?

거품 속에 거품벌레
애벌레가 숨어 있어.

털두꺼비하늘소

거품벌레
밤에 불빛을 쫓아
집 안으로 잘 들어와.

하늘소 돌드레

옛날엔 하늘소를 '돌드레'라고 불렀어.
하늘소를 잡아서 돌을 들게 하며 놀아서 그렇게 불렀대.
하늘소를 보면 돌드레 놀이를 해 봐.
하늘소 더듬이를 모아 쥐고 돌멩이에 갖다 대면
하늘소가 다리로 돌을 움켜잡아.

와,
힘세다!

여러 가지 매미

매미는 나무즙을 먹고 살아. 나무에서 우는 매미 소리를 들어 봐. 매미 종류마다 소리가 다 달라. 어떤 매미가 더 노래를 잘할까?

털매미
찌— 하고 이어지다가 음이 조금 높아지면서 줄곧 이어져.

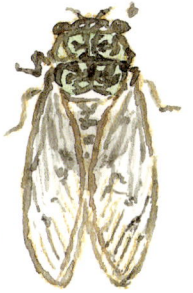

참매미
지— 맴맴맴맴맴
매— 맴—

유지매미
지글지글지글
기름 끓는 소리를 내다
딱다그르르르
하고 멈춰.

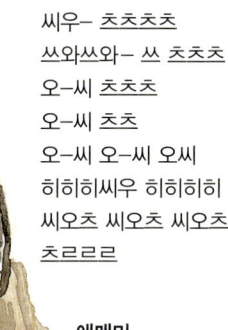

씨우— 츠츠츠츠
쓰와쓰와— 쓰 츠츠츠
오—씨 츠츠츠
오—씨 츠츠
오—씨 오—씨 오씨
히히히씨우 히히히히
씨오츠 씨오츠 씨오츠
츠르르르

애매미
애매미 소리는
아주 복잡해.
잘 듣고 흉내를 내 봐.

꽃매미
가중나무에
떼 지어
붙어 있어.

꽃매미는
울지 못해.

말매미
트르르르르
하고 길게 이어져.

여러 가지 매미 허물

털매미
둥그렇고
흙이 묻었어.

애매미
길쭉하고
색이 옅어.

참매미
윤이 나.

말매미
크고 색이
짙어.

벌레 흔적을 찾아라

나무에 남겨진 벌레 흔적이나 숨은 벌레를 찾아봐.
잘 봐야 찾을 수 있어. 보물찾기하듯이 찾아봐.

싸리잎
굴파리 애벌레가
싸리잎 속을 파먹은
흔적이야.

사위질빵잎
굴파리 흔적이
남아 있어.

밤나무잎혹벌 벌레혹
청설모, 직박구리가 혹을 쪼개
애벌레를 먹은 흔적이야.

칡잎
칡잎은 왕팔랑나비애벌레
아파트야.

접힌 마잎
펼치면 왕자팔랑나비
애벌레가 숨어 있어.

아까시잎혹파리 애벌레

아까시잎혹파리 벌레혹

붉나무잎혹응애 벌레혹
혹응애가 잎 뒤에서
즙을 빨면 잎 앞면이
부풀어 올라.

왕팔랑나비 애벌레 집
아까시잎을 접어 만들었어.

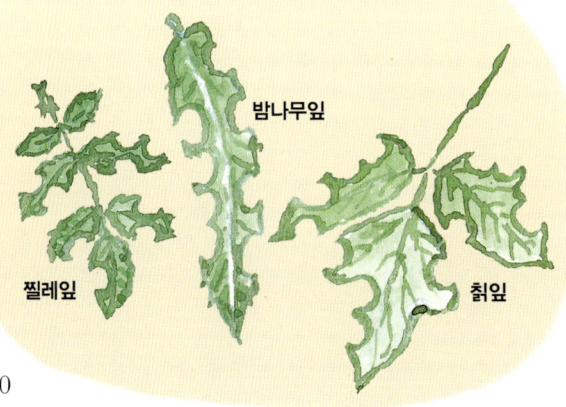

가위벌이 잘라 간 나뭇잎

찔레잎 · 밤나무잎 · 칡잎

어리별쌍살벌 집
쌍살벌 가운데 어리별쌍살벌만
나뭇잎 뒤에 집을 지어.

벌레잡이 끈끈이 덫에 붙어서 죽은 벌레

참나무시들음병을 옮기는 광릉긴나무좀을 막으려고
신갈나무 줄기에 둘러친 끈끈이 덫에
숲속 벌레 수십만 마리가 붙어서 죽었어.

끈끈이 덫에서 떼어 낸 벌레

풀잠자리류

무시바노린재

작은주걱참나무노린재

여러 종류 벌들

장님노린재류

비단벌레류

풍뎅이류

기생파리류

파리매류

방아벌레류

무당벌레

네점가슴무당벌레

찰방찰방 개울 탐험

붉나무네 마을 개울엔 물이 많이 흐르지 않아.
아파트 옆 개울물은 자주 마르고 냄새도 나지.
그래도 비가 오고 나면 계곡물이 흘러내려 물이 맑아져.
개울 속엔 더러운 물에 사는 물달팽이와 깔따구 애벌레도 살지만
맑은 물에 사는 하루살이 애벌레, 날도래 애벌레도 살아.
또 도롱뇽, 다슬기, 버들치도 살아. 놀랍지?
개울엔 또 무엇이 살까? 찰방찰방 개울 탐험 가자!

모래를 체망으로 떠서 살펴봐야지.

물속 벌레 잡기

물속 벌레들은 크기가 아주 작고,
돌 밑, 낙엽이나 모래 속에 숨어 살아.

돌을 뒤집어서 잡기

돌을 살며시 뒤집어서
돌에 붙어 있는 벌레를 찾아봐.
손으로 잡으면 벌레가 죽을 수 있어.
붓으로 살살 떼어 내거나
돌을 쟁반에 올려놓고 물을 뿌려서 떼어 내.

돌은 벌레들 집이야.

체망으로 잡기

① 체망으로 물속 모래나 낙엽을 쓸어 담아.

② 모래나 낙엽을 헤집으면서 벌레를 찾아.

③ 작은 벌레는 붓이나 핀셋으로 잡아.

살살 헤집으면서 찾아봐.

올챙이랑 잠자리 애벌레가 많아.

개울에 사는 벌레

개울에 여러 벌레들이 사는데
개울 위쪽엔 깨끗한 물에 사는 벌레가 있고,
개울 아래쪽엔 조금 더러운 물에 사는 벌레가 있어.
물속 벌레를 보면 물 맑기를 짐작할 수 있어.
도시의 개울은 물이 자주 마르고 더러워졌다가 비가 오면
개울 위쪽 계곡물이 흘러내려 다시 깨끗해지기를 되풀이해.
그래서 개울엔 깨끗한 물에 사는 벌레와
더러운 물에 사는 벌레가 섞여 있어.

개울 위쪽에서 찾은 벌레

햇님하루살이 애벌레

머리 앞쪽 흰 점 4개

네점하루살이 애벌레

흰 점 2개

두점하루살이 애벌레

띠무늬우묵날도래 애벌레
나뭇잎, 나뭇가지, 작은 돌을 섞어서 집을 지어.

가시날도래 애벌레
작은 돌로 집을 짓고 집 양쪽에 조금 큰 돌을 몇 개 붙여.

띠무늬우묵날도래 애벌레가 날개돋이하고 남은 빈집

검은머리물날도래 애벌레
집을 짓지 않아.

광택날도래 애벌레
작은 돌로 위가 볼록한 집을 지어.

애우묵날도래 애벌레
모래로 집을 지어.

수염치레날도래 애벌레
모래로 한쪽이 더 넓은 원통 모양 집을 지어.

가시우묵날도래 애벌레
작은 돌로 집을 지어.
입구에 조금 큰 돌을 붙여.

네모집날도래 애벌레
나뭇잎으로 네모 집을 지어.

네모집날도래 번데기집이야.
돌로 양쪽을 막고
집 안에서 번데기가 되었어.

바수염날도래 애벌레
모래로 원통 모양
집을 지어.

개울 아래쪽에서 찾은 벌레

잠자리 애벌레 기르기

잡은 잠자리 애벌레를 길러 봐.
가장 많이 잡히는 고추좀잠자리 애벌레가 기르기도 쉬워.

① 어항에 개울에서 가져온 모래와 물을 넣고 잠자리 애벌레를 넣어.

개울가에서 자라는 고마리 같은 풀을 심으면 좋아.

물은, 수돗물을 미리 받아 놓았다가 부어 줘. 일주일에 한 번씩 물을 갈아 줘.

② 살아 있는 어린 물고기나 실지렁이, 깔따구 애벌레 같은 물속 벌레를 먹이로 줘야 하는데, 개울에서 직접 잡기 힘들면 수족관에 가서 어린 물고기나 실지렁이를 사서 넣어 줘. 핀셋으로 집어서 주면 쏙쏙 받아먹어.

③ 먹이를 먹지 않으면 날개돋이할 때가 된 거야. 어항에 날개돋이할 막대기를 세워 줘.

와, 날개돋이하는 걸 볼 수 있겠다!

날개돋이하면 밖에 놓아 줘야지.

날도래 번데기 아파트

날도래는 번데기 때가 되면 집을 큰 돌에 붙여. 여러 종류 날도래가 다닥다닥 붙은 돌은 날도래 번데기 아파트야.

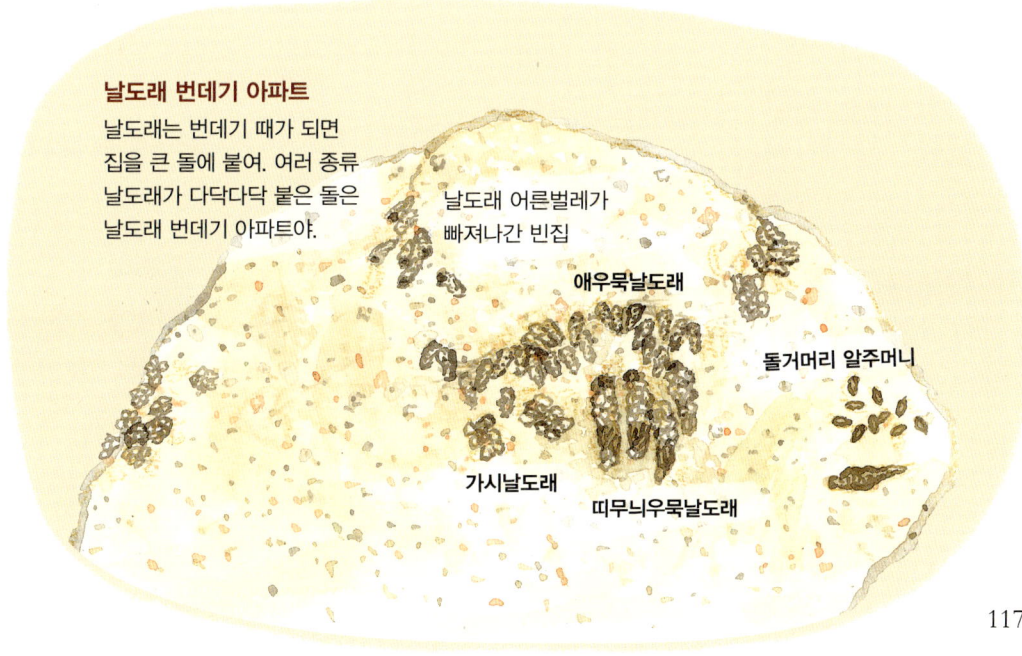

날도래 어른벌레가 빠져나간 빈집

애우묵날도래

돌거머리 알주머니

가시날도래

띠무늬우묵날도래

개울에서 잡은 올챙이와 도롱뇽

북방산개구리 올챙이

뒷다리가 나온
북방산개구리 올챙이

발이 다 나온
북방산개구리 올챙이

북방산개구리는 3월~5월,
참개구리는 4월~6월에
알을 낳아.

참개구리 올챙이
참개구리 올챙이는
발이 나오지 않았어.
참개구리가 북방산개구리보다
더 늦게 알을 낳아.

어린 도롱뇽
다 자라면 아가미는 없어지지만
꼬리는 그대로 남아 있어.
도롱뇽은 앞다리가 먼저 나와.

올챙이 기르기

육식성인 개구리와 달리 올챙이는
풀이나 이끼 따위를 먹어서 기르기가 쉬워.
아직 다리가 나오지 않은 참개구리 올챙이를 키워 봐.

⑤ 꼬리가 없어지면서 개구리로 자라면
 살아 있는 먹이만 먹으니까
 기르기가 어려워.
 다 자란 개구리를 개울가에 놓아줘.

잘 먹고
잘 살아야
해.

개구리는
몇 년 살까?

① 개울에서 모래와 물을 가져와서
 어항에 담아. 물이 모자라면
 미리 받아 놓은 수돗물로 채워.
 물가에서 자라는 고마리 같은 풀을
 가져와 심으면 좋아. 올챙이를
 많이 넣으면 기르기가 힘들어.

② 먹이는 밥풀이나 상추 따위를
 아주 조금씩 줘.
③ 물이 더러워지면 미리 받아 놓은
 수돗물로 갈아.
④ 앞다리까지 나오면 식성이
 육식성으로 바뀌니까
 멸치나 새우 같은 먹이를 줘.
 또 올라와서 쉴 수 있게
 어항 물을 줄이고 돌을 놓아 줘.

개울에서 잡은 민물고기

버들치
개울엔 버들치가 아주 많아.

어린 버들치

암컷

수컷

피라미
참갈겨니보다 뒷지느러미가 길고 세로 무늬가 있어.

돌고기
주둥이가 길고 몸 가운데 검은 줄이 있어.

참갈겨니
피라미보다 눈이 크고 몸이 노래.

꺽지 잡기

꺽지는 우리나라에서만 사는 민물고기야. 낮에는 돌 밑에서 자고 밤에 돌아다녀. 수박 크기만 한 돌을 들추면 잠자는 꺽지를 찾을 수 있어. 잽싸게 뜰채로 쓸어 담아.

꺽지

어두운 곳에선 꺽지 몸빛이 검게 변해.

얼른 잡아!

어어어······ 샜다.

벌레가 남긴 허물과 빈집 찾기

개울가 풀대나 나무줄기, 돌멩이를 잘 살펴봐.
잠자리나 강도래 애벌레가 물 밖으로 나와
어른벌레로 탈바꿈하면서 남긴 허물이 붙어 있어.
날도래가 빠져나가고 남긴 집도 찾을 수 있지.
벌레가 먹이를 먹고 남긴 흔적,
알을 낳고 죽은 벌레까지 있어.
탐험가가 되어서 찾아보는 거야.

풀대에 잠자리 허물이 붙어 있어.

날도래 빈집은 단단해. 뭘로 붙인 걸까?

개울가에서 찾은 물속 벌레 흔적

다슬기 껍질

물달팽이 껍질

왼돌이 물달팽이 껍질

바수염날도래 빈집

네모집날도래 빈집

띠무늬우묵날도래 빈집

물속 벌레가 먹어서 잎맥만 남은 잎사귀

어리장수잠자리 허물

하루살이류 허물

쇠측범잠자리 허물

고추좀잠자리 허물

강도래류 허물

개울가에서 본 곤충

개울가에는 물속에서 살다 허물을 벗고 날아오른 잠자리, 하루살이,
날도래가 있고, 물 위를 미끄러지듯 다니는 소금쟁이도 있어.
또 무슨 곤충을 보았니?

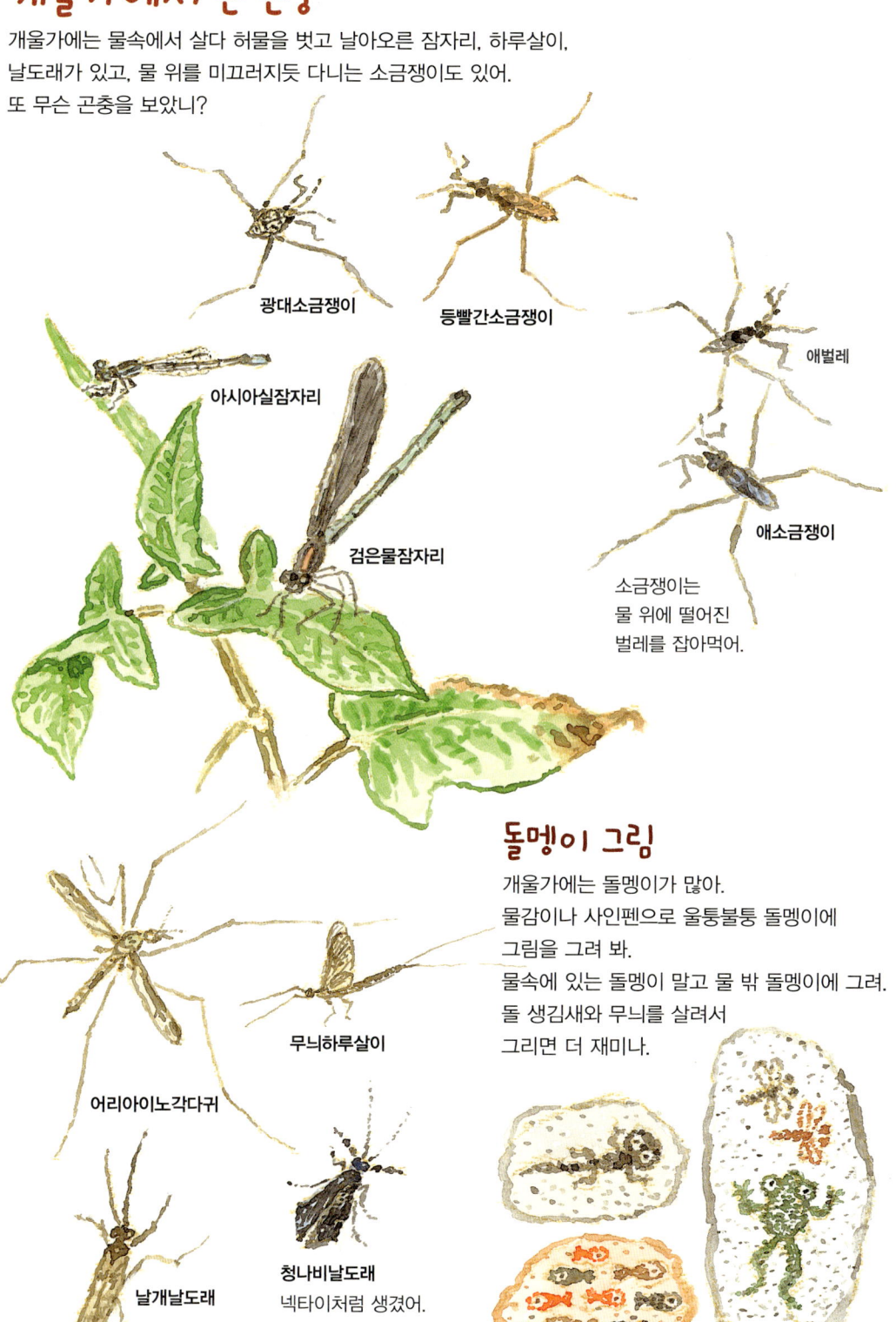

광대소금쟁이
등빨간소금쟁이
애벌레
아시아실잠자리
검은물잠자리
애소금쟁이

소금쟁이는
물 위에 떨어진
벌레를 잡아먹어.

무늬하루살이
어리아이노각다귀
날개날도래
청나비날도래
넥타이처럼 생겼어.

돌멩이 그림

개울가에는 돌멩이가 많아.
물감이나 사인펜으로 울퉁불퉁 돌멩이에
그림을 그려 봐.
물속에 있는 돌멩이 말고 물 밖 돌멩이에 그려.
돌 생김새와 무늬를 살려서
그리면 더 재미나.

개울가에서 자라는 풀

개울가에 풀이 무성해.
고마리, 갈대, 환삼덩굴이 개울을 다 덮어 버릴 기세야.
개울가에서 자라는 풀은 개울을 맑게 해 줘.
또 풀은 재미있는 놀잇감이야.
풀이 가진 재주를 찾아내서 놀면 재미나.

못난이 환삼덩굴도 이렇게 붙이니까 멋진걸.

환삼덩굴잎 붙이기

환삼덩굴잎과 줄기엔 아래로 향한 날카로운 가시가 있어.
자칫 큰 상처를 입을 수 있어서 조심해야 해.
환삼덩굴잎을 떼어다 옷에 붙여 봐.
줄기로는 옷에 모양을 만들어 봐.
동무 등에다도 몰래 커다란 잎을 한 장 붙여 줘.
누가 더 많이 붙이는지 겨뤄 볼까?

환삼덩굴잎

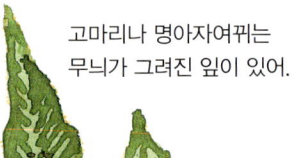

고마리나 명아자여뀌는 무늬가 그려진 잎이 있어.

명아자여뀌잎

고마리잎

갈대

명아자여뀌

미국가막사리

소리쟁이

환삼덩굴

고마리

갈댓잎 돛단배

갈댓잎을 접어서 배를 만들어.
갈댓잎은 길쭉하고 결대로 잘 찢어져서 쉽게 만들 수 있어.
물에 띄워서 어떤 배가 둥둥 잘 떠가는지 겨뤄 봐.

① 반으로 접었다 펴서 자국이 남게 해.

② 잎이 넓은 쪽을 반 접은 자국까지 접어.

③ 접은 잎을 다시 반대쪽으로 접어.

④ 잎이 좁은 쪽 절반을 자국 남은 곳에서 접고, 다시 점선 따라 접어서 세워.

⑤ 돛이 곧게 서게 잘 눌러 줘.

⑥ 양쪽을 점선처럼 세 갈래로 찢어.

⑦ 찢은 한쪽을 벌리고 다른 가장자리 한쪽을 끼워 넣어. 맞은편도 똑같이 해.

갈댓잎 물레방아

빙글빙글 위리리리 잘도 돈다, 갈댓잎 물레방아야.
물레방아, 시원하게 돌아라!

① 줄기를 싸고 있는 잎집을 벗겨 내.

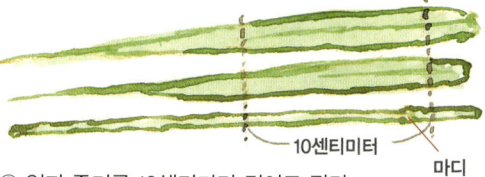

② 잎과 줄기를 10센티미터 길이로 잘라.

③ 잎을 반으로 접었다 펴서 니은 자 모양으로 만들어.

④ 칼로 줄기를 마디 앞까지 네 가닥으로 잘라.

⑤ 니은 자 모양 잎을 줄기에 끼워.

⑥ 굵은 갈대 줄기 토막을 끼워.

⑦ 가지가 마주나는 미국가막사리나 단풍잎돼지풀 줄기를 와이(Y) 자로 잘라서 받침대를 두 개 만들어.

⑧ 물이 떨어지는 곳 아래에 돌로 와이 자 받침대를 세우고 물레방아를 얹어.

여름 곤충이랑 놀자

한여름 마을은 곤충 세상이야.
아주 작은 곤충, 엄청나게 큰 곤충,
시커먼 곤충, 화려한 곤충,
팔팔 나는 곤충, 벌벌 기는 곤충…….
밤에는 밤 곤충 만나러 가자.
가로등 불빛, 가게 불빛엔 밤마다 곤충 축제야.
파닥파닥 붕붕붕 팔랑팔랑 발발발
나방, 풀잠자리, 하루살이, 딱정벌레.
온갖 곤충이 춤을 춰.
낮에는 낮 곤충 만나러 가자.
물가, 숲 둘레엔 잠자리가 날고,
꽃에는 나비가 날아와.
잠자리 꽁꽁 나비 나비 꽁꽁
멀리 가면 죽는다, 여기 여기 앉아라.
높이높이 날지 말고 이리 와서 놀자.

여름밤은 불빛에 모이는 곤충을 보기에 좋아.

가로등에 벌레가 바글바글해.

등불에 모이는 곤충

불빛에 모이는 곤충 가운데는 나방 종류가 가장 많아. 커다란 산누에나방에서 작은 명나방, 좀나방까지 정말 다양한 나방을 볼 수 있어.

잠자리채
모기에 안 물리려면 긴바지를 입는 게 좋아.

손전등
모기기피제
작은 병
플라스틱 통
비닐 지퍼백
긴바지

수컷
참나무산누에나방
더듬이가 안테나처럼 생겼어.

무궁화밤나방

노랑뒷날개나방

날개를 펼친 모습

흰줄푸른자나방

흰무늬왕불나방

점박이불나방

오얏나무가지나방

배추좀나방

회양목명나방

매미다!
가로등 옆 나무를 툭툭 쳐 봐. 나무에 앉아 있던 매미가 날아올라.

참매미 **애매미**

낮에는 매미가 높은 곳에 있어서 잡기 힘들어. 밤에는 매미가 등불로 날아와서 잡기 쉬워.

늦은 밤엔 매미가 날개돋이하는 걸 볼 수 있어.

날개돋이하는 **유지매미**

꽃에 모이는 곤충

꽃에는 곤충이 많이 모여들어. 꽃 앞에서 가만히 기다리면 곤충들이 찾아오는 걸 볼 수 있어. 꽃은 곤충을 꾀어 꽃가루받이를 하는데, 꿀만 먹고 가는 꿀 도둑 곤충도 많아.

자귀나무꽃을 찾아온 곤충

제비나비

호랑나비

검은꼬리박각시
벌새처럼 생긴 검은꼬리박각시는 나방 종류야.

자귀나무 그늘 아래 자리 깔고 누워 있으면 제비나비, 호랑나비를 실컷 볼 수 있어.

누리장나무꽃을 찾아온 곤충

작은검은꼬리박각시
박각시는 꽃에 앉지도 않고 날면서 꿀을 빨아.

누리장나무는 잎에서 누린내가 나지만 꽃향기는 좋아.

제비나비

검은다리실베짱이
검은다리실베짱이는 꿀을 먹는 게 아니라 꽃술을 먹어.

애기똥풀꽃을 찾아온 곤충

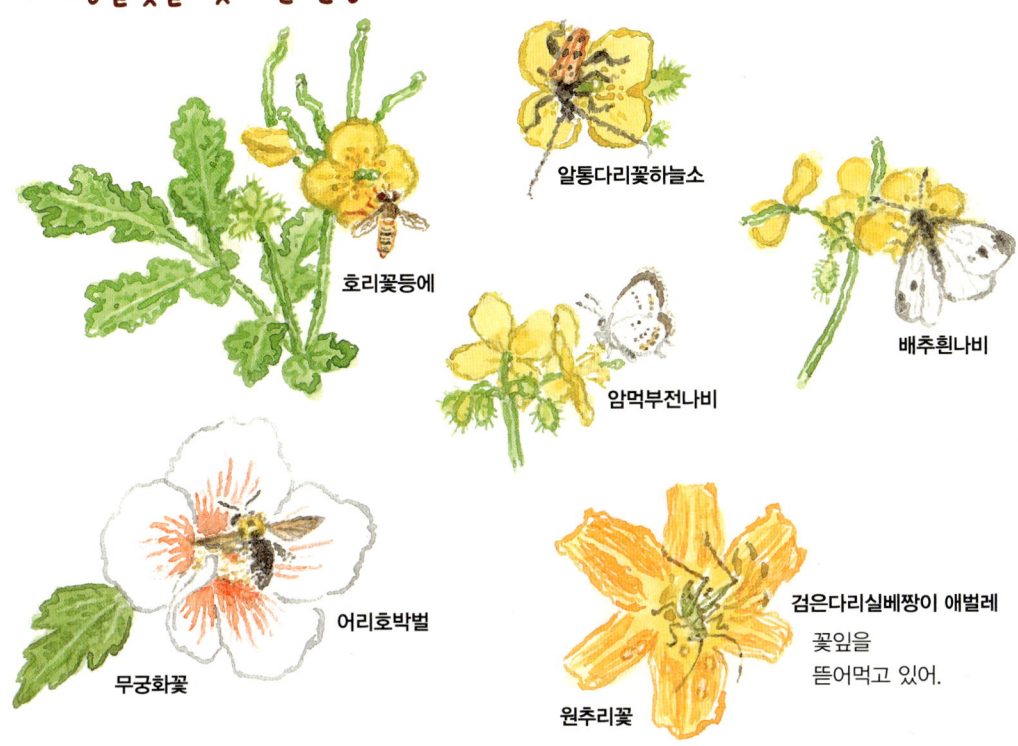

알통다리꽃하늘소

호리꽃등에

암먹부전나비

배추흰나비

어리호박벌

무궁화꽃

검은다리실베짱이 애벌레
꽃잎을
뜯어먹고 있어.

원추리꽃

물봉선을 찾아온 꿀 도둑 곤충

꽃을 찾아오는 곤충들이 모두 꽃가루받이를 돕는 건 아니야.
꿀만 훔쳐 먹고 가는 꿀 도둑도 있어.

어리호박벌
나무에 구멍을 뚫고 알을 낳는
어리호박벌은 물봉선 꿀주머니에
구멍을 뚫고 꿀을 훔쳐 먹어.

벌꼬리박각시
박각시는 꽃에 앉지도 않고
날면서 꿀을 빨기 때문에
몸에 꽃가루가 묻지 않아서
꿀만 먹고 가는 꿀 도둑이야.

호박벌
물봉선 꿀주머니에
구멍을 뚫고
꿀을 훔쳐 먹어.

어리호박벌처럼
물봉선 꿀주머니
끝을 떼고 꿀을
빨아 보자.

히히,
꿀 도둑이다!

여름엔 잠자리

왕잠자리 잡으러 연못으로 갈까?
고추좀잠자리 잡으러 숲 언저리로 갈까?
아파트 둘레에서 된장잠자리 잡을까?
잠자리는 모기, 깔따구 사냥꾼이야.
모기한테 물리지 않으려면
잠자리를 도로 놓아줘.

실잠자리랑 물잠자리는
날개를 뒤로 접을 수 있어.
다른 잠자리들은
날개를 뒤로 접지 못해.

물잠자리

아시아실잠자리

고추잠자리
온몸이 붉어.

밀잠자리

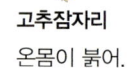
고추좀잠자리
수컷만 배가 붉어.

깃동잠자리

날개띠좀잠자리

된장잠자리
해마다 열대 지방에서
바다를 건너오는 잠자리야.
겨울을 나지 못하고 죽어.

왕잠자리

잠자리의 짝짓기

먼저 수컷이 배 끝으로
암컷 목덜미를 붙들고
짝짓기 비행을 해.

물가에 내려앉은 암컷은 배 끝을
수컷 둘째 배마디에 있는
짝짓기 돌기에 갖다 대.
짝짓기 자세가 하트 모양이야.

물구나무서는 잠자리

한여름에 잠자리가
물구나무서는 것은
해를 향해 배를 쳐들어서
햇볕을 덜 받으려는 거야.

피서 가는 잠자리

고추좀잠자리랑 깃동잠자리는
여름이 되면 더위를 피해 산으로 가.
찬 바람이 불면 물가로 와서 알을 낳아.

고추좀잠자리
잡으러
산으로 가자.

왕잠자리 암컷으로 잠자리 낚시하기

암컷 잠자리를 실에 묶어 날려서 수컷 잠자리를 낚는 거야.
잡기 힘든 왕잠자리를 잠자리 낚시로 낚아 봐.

잠자리 꽁꽁
멀리 가면 죽는다.
이리이리 오너라.

① 먼저 암컷 잠자리를 잡아서 실에 묶어. 실을 앞날개와 뒷날개 사이, 앞다리와 가운데 다리 사이에 돌려 감고 묶으면 빠지지 않아.

② 실을 막대 끝에 묶고 잠자리를 날려. 막대를 돌리면서 수컷 잠자리를 꾀어.

③ 수컷이 날아와서 짝짓기하려고 할 때 잠자리채로 잡아.

왕잠자리 수컷으로 잠자리 낚시하기

① 왕잠자리 수컷 배의 파란색 부분에 호박꽃 꽃가루를 발라서 암컷처럼 초록색으로 꾸며. 누런 흙을 발라도 돼.

② 수컷이 날아오면 잠자리채로 잽싸게 낚아채.

잠자리 암컷과 수컷 구별하기

잠자리 수컷 둘째 배마디에 있는 짝짓기 돌기로 암수를 구별해. 짝짓기 돌기가 없으면 암컷, 있으면 수컷.

짝짓기 돌기

잠자리가 아닌 잠자리

여름밤에 불빛으로 잘 날아오는 명주잠자리와 풀잠자리는 잠자리가 아니야. 잠자리와 닮아서 잠자리라는 이름이 붙은 거야.

흰띠풀잠자리

명주잠자리

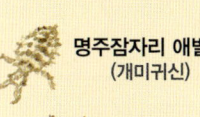
명주잠자리 애벌레
(개미귀신)

어리줄풀잠자리 애벌레

잠자리 놓아주기

손가락 사이에 잠자리 날개를 오래 쥐고 있다 놓아주면 날지 못하고 땅에 떨어져. 그럴 땐 옷이나 나뭇가지에 올려 줘. 그러면 천천히 날개를 펴고 날아가.

풀이 쑥쑥 메뚜기가 툭툭

포슬포슬 강아지풀, 갈래갈래 바랭이가
햇볕 받고 쑥쑥, 비 맞고 쑥쑥 자랐어.
아파트 앞뜰 길가는 강아지풀 풀밭으로 바뀌고,
텃밭이랑 빈터는 바랭이 풀밭이 되었어.
강아지풀 잼잼 할까?
바랭이 우산 만들까?
풀 씨름 하고 개구리 낚시 하면서 놀아야지.
풀밭에 툭툭 뛰는 메뚜기도 잡을 거야.
마을이 다 풀 놀이터야!

길가, 빈터에 풀이 쑥쑥 자랐어.

놀거리 많은 강아지풀과 바랭이야.

왕바랭이

강아지풀

털북숭이 강아지풀, 강아지 꼬리 닮아서 강아지풀.
아파트 둘레, 길가, 빈터 어디에나 있어서 정겨운 강아지풀.
강아지풀은 놀거리 많은 놀이 동무야.

까끄라기

작은 꽃이삭

수크령

금강아지풀
줄기와 이삭이 곧고
까끄라기가 누런
황금색이야.

까끄라기가
자주색인
강아지풀도
있어.

가을강아지풀
강아지풀보다
이삭이 길고
밑으로 처져.

강아지풀
콘크리트 틈새에서 자란 거야.
강아지풀은 텃밭보다 길가에서 더 잘 자라.

강아지풀 애벌레 놀이

강아지풀 이삭을
주먹 쥔 손에 올려놓고
살살 쥐락펴락하면
이삭 줄기 쪽이
앞으로 꿈틀꿈틀 움직여.

이삭을 손바닥에 올려놓고
손바닥을 살살 접었다 폈다 하면
이삭이 애벌레처럼
꿈틀꿈틀 기어가.

강아지풀 잼잼

잼잼……
어, 밑으로
내려와.

거꾸로
쥐었잖아.

강아지풀을 줄기 쪽이 위로 향하게 쥐고서
살살 쥐락펴락하면 강아지풀 이삭이
위로 조금씩 올라와.

강아지풀 토끼 1

머리 만들기

① 이삭 줄기 두 개를 엇갈리게 놓아.

② 한쪽 이삭을 반대쪽으로 당겨서 줄기 두 가닥을 감아.

③ 돌돌 말아. 이삭 끝을 많이 남겨서 줄기 사이에 끼워.

④ 다른 한쪽도 똑같이 말아서 양쪽 줄기를 당겨.

⑤ 줄기를 모으면 토끼 머리 완성!

몸통 만들기

① 머리 만들기처럼 이삭 줄기 두 개를 엇갈리게 놓아.

② 한쪽 이삭을 줄기에 돌돌 말아. 이삭 끝을 조금만 남겨서 줄기 사이에 끼워.

③ 다른 한쪽 이삭은 머리 만들 때처럼 이삭을 많이 남겨.

④ 양쪽 끝 줄기를 당겨.

강아지풀 토끼 2

① 이삭 줄기 두 개를 길이가 같게 잘라.

② 두 개를 겹쳐서 둥글게 말아. 토끼 귀가 되는 이삭 끝은 남겨 둬야 해.

③ 줄기를 원 안에 끼워 넣어.

④ 줄기가 안 꺾이게 살살 당기면서 모양을 만들어.

⑤ 강아지풀 토끼 머리 완성!

토끼 머리를 여러 개 만들어서 모자나 옷, 가방에 끼우면 멋진 장식이 돼.

머리를 몸통에 끼워.

줄기 네 개를 모아서 묶으면 토끼 완성!

강아지풀은 정말 놀거리가 많아. 그래서 꽃말도 '놀이'야.

⑤ 줄기를 모으면 몸통 완성!

바랭이

바랭이는 줄기 끝에 잔 이삭이 우산살처럼 달려.
조리를 만들어 놀아서 '조리풀',
우산을 만들어서 '우산풀'이라고도 해.

바랭이

왕바랭이

돌피

바랭이는 땅을 기며 자라는
줄기 마디에서 뿌리가 나와.
그래서 아주 넓게 퍼져.

왕바랭이 줄기는
굉장히 질겨. 빈터에서
자라는 왕바랭이는
위로 뻗치며 자라.

길가에서 자라는 왕바랭이는
땅바닥에 붙어 옆으로 기면서 자라.

바랭이 조리

바랭이로 조리를 만들어 봐.
조리는 예전에 쌀을 일 때 쓴 도구야.

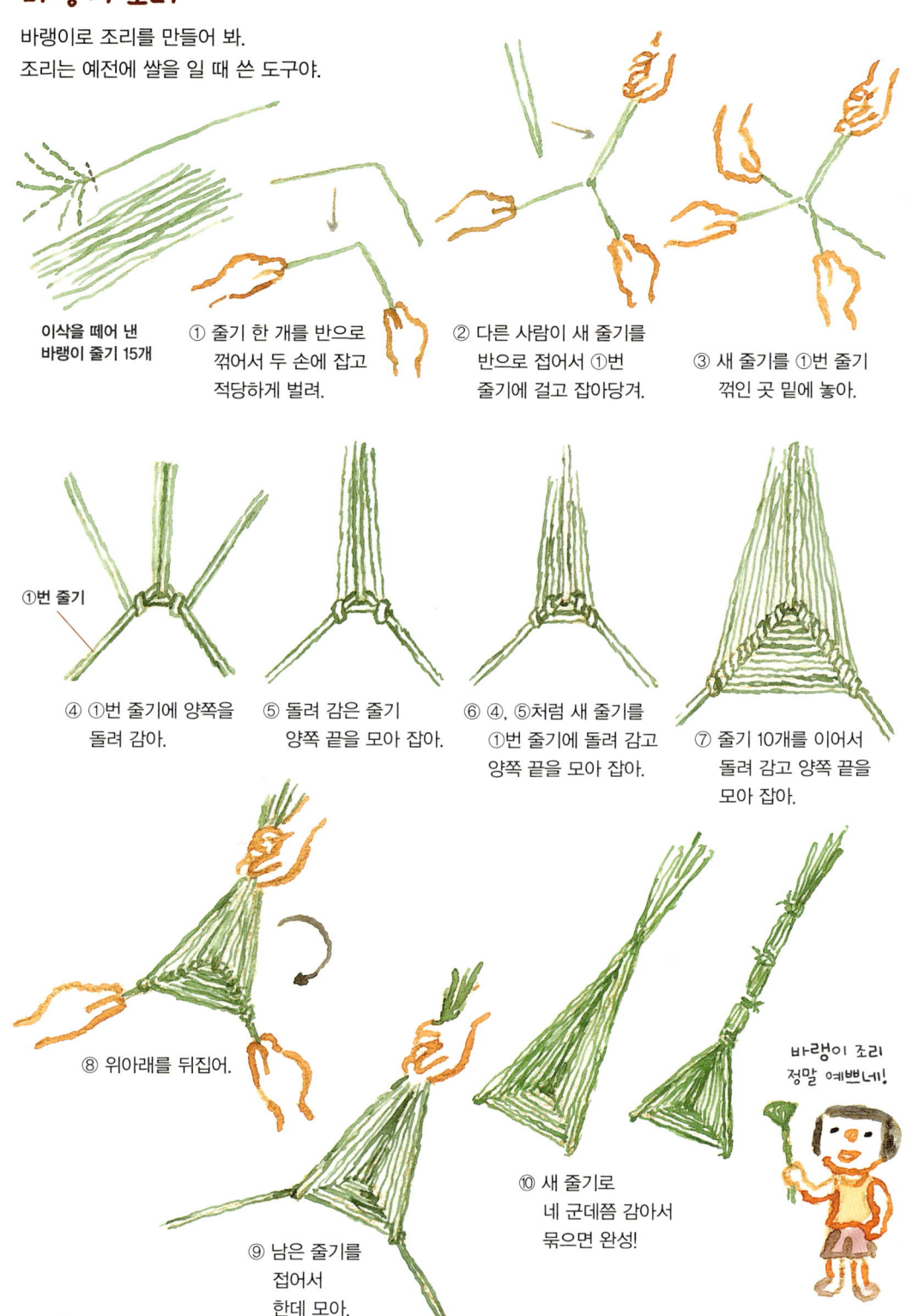

바랭이 우산

① 잔 이삭을 아래로 당겨서 잡아.
② 긴 잔 이삭을 돌려 감아서 묶으면 완성.
③ 우산을 펼 때는 묶은 곳을 밀어 올려.

바랭이 빗자루

바랭이 선녀 부채

바랭이 이삭 줄기를 10개 모아서 바랭이 줄기로 여러 군데 감아 묶어.

바랭이 잔 이삭을 위부터 층층이 바랭이 우산처럼 아래로 당겨서 묶어.

왕바랭이 풀 씨름

바랭이 개구리 올가미

왕바랭이 줄기를 걸고 당겨서 어느 쪽이 먼저 끊어지나 겨뤄 봐.

바랭이 이삭을 잘라 내고 줄기 끝을 둥글게 묶으면 올가미 완성!

풀밭 곤충

강아지풀, 바랭이 풀밭에는 볏과 식물을 먹는 곤충들이 많아.
섬서구메뚜기, 팥중이, 벼메뚜기, 방아깨비 같은 메뚜기 무리도 있고,
더듬이긴노린재, 우리가시허리노린재 따위 노린재 무리도 있어.
풀밭에 사는 곤충을 잡아 봐.

벼메뚜기 잡기

벼메뚜기 잡기 시합을 해 봐. 누가 더 많이 잡을까?

잡은 메뚜기는 강아지풀 줄기에 메뚜기 가슴 등판을 꿰어서 매달아.

벼메뚜기 볶음

① 끓는 물에 잠깐 데쳐.
② 체에 밭쳐서 물기를 빼.
③ 프라이팬에 기름을 두르고 볶아. 소금으로 간을 해.

우리벼메뚜기

메뚜기는 주로 잎을 갉아 먹고, 노린재는 열매에 긴 주둥이를 찔러 넣어 즙을 빨아.

우리가시허리노린재

알락수염노린재

미디표주박긴노린재

더듬이긴노린재

가을 마을 놀이터

9월 가을 텃밭에서 놀자
　　　가을 가을 가을 들꽃 놀이

10월 재미 가득 가을 열매

11월 단풍 놀이 낙엽 놀이
　　　탱글탱글 도토리 토실토실 알밤

가을 텃밭에서 놀자

한여름 무더위가 조금 누그러지면
여름 동안 풀밭이 된 텃밭을 갈아
무씨를 뿌리고 배추 모종을 심어.
텃밭은 흙 놀이 하기 좋아.
흙 케이크 만들까, 흙 그림 그릴까?
텃밭에서 난 옥수수, 고구마엔 놀거리가 가득해.
옥수수 껍질로 놀고, 고구마 잎자루로 놀아.
가을 텃밭 둘레엔 풀이 무성해.
방동사니, 쇠비름, 달개비 풀이 다 놀거리야.

무씨 한 알,
무씨 두 알,
무씨 세 알
……

가을 텃밭 가꾸기

가을 텃밭엔 김장 재료로 쓰는 무와 배추를 심어.
무는 씨앗을 바로 뿌리고 배추는 모종을 심어.
텃밭에서 씨 뿌리고 모종 심는 것도 재미있어.

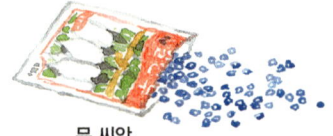

무 씨앗
흙과 구별되게 약품 처리해서
색을 입혔어.

무씨 뿌리기

① 호미로 금을 긋듯이 골을 내.

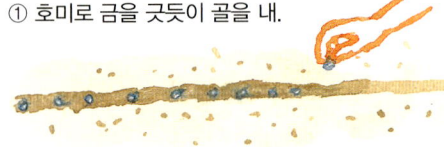

② 골에 2~3센티미터 간격으로 무 씨앗을 한 알씩 넣어.

③ 흙을 뿌려서 덮어.   ④ 손으로 토닥토닥 다져.

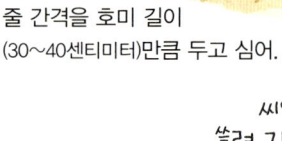

두둑을 만들지 않고
줄뿌림해서 심어.

줄 간격을 호미 길이
(30~40센티미터)만큼 두고 심어.

씨앗이
쓸려 가지 않게
살살 뿌려.

⑤ 물을 흠뻑 뿌려.

배추 모종 심기

포트에 담긴 배추 모종

포트 밑을
위로 밀어서
모종을 빼내.

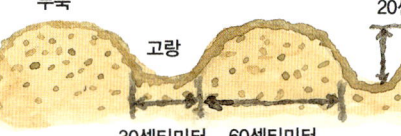

두둑   고랑   20센티미터
30센티미터   60센티미터

① 모종 심기 두어 시간 전에 포트에 물을 듬뿍 뿌려.

② 너비 60센티미터 두둑을 만들어.

 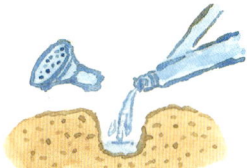  

③ 두둑 위에 호미로 구멍을 내.
④ 물뿌리개 주둥이를 떼고 구멍에 물을 줘.
⑤ 물이 땅속으로 스며들면 구멍에 모종을 넣어.
⑥ 흙을 덮어. 모종과 텃밭 흙 사이에 틈이 없게 잘 눌러.

40센티미터

⑦ 배추 모종을 40센티미터 간격으로 심어.

다 심었다!
텃밭 놀이는 이제
시작이야.

가을 텃밭 놀이

텃밭을 가꾸며 흙 놀이도 하고
갈무리한 작물들 가지고도 놀아.

흙 그림 그리기 1

① 두꺼운 종이 위에 흙이
  골고루 넓게 퍼지도록
  체를 쳐.

② 손가락으로 그림을 그려.

③ 사진을 찍고 흙을 치워.

④ 다시 체를 치고
  새로 그림을 그려.

흙 그림 그리기 2

① 도화지에 물풀이나
  딱풀로 그림을 그려.

② 도화지 위에서 체를 쳐.

③ 흙을 털어 내.

④ 흙 그림 완성!

흙 놀이는
하루 종일 해도
재미나.

흙 케이크 만들기

① 텃밭 둘레에서 열매, 꽃, 풀대, 나뭇가지,
  돌멩이를 모두 모아.

② 흙을 체로 쳐.

③ 체 친 고운 흙에
  물을 부어.

④ 흙을 반죽해.

⑤ 흙 반죽을 그릇에 담고
  잘 다져.

⑥ 그릇을 엎어서
  흙 반죽을 찍어 내.

⑦ 흙 케이크를 꾸며.

흙을 둥글납작하게 빚어서
흙 과자도 만들어.

옥수수 껍질 인형

텃밭에서 거둔 옥수수를 찔 때
껍질을 한두 장만 남기고 다 벗겨 내.
벗겨 낸 옥수수 껍질 가운데
뻣뻣한 초록색 겉껍질은 버리고
부드러운 속껍질로 만들어.

옥수수

옥수수수염
옥수수 껍질

인형 머리 만들기

연한 속껍질을
찢어서
끈으로 써.

① 옥수수 껍질 세 장을
위로 올리고 나머지 껍질을
아래로 모아서 묶어.

② 위로 올린
세 장 가운데
두 장을 각각
세 가닥으로 찢어서
머리 땋듯 땋아.

옥수수 껍질에 그리기

옥수수 껍질을 펼쳐서
사인펜이나 유성펜으로 그림을 그려.

인형 팔 만들기

껍질 한 장을 돌돌 말아서 뾰족한 쪽을 잘라 내고
양쪽 끝을 묶어.

옥수수 껍질 왕관

① 옥수수 껍질을 잘라서 글루건이나
양면테이프로 길게 이어 붙여.

② 옥수수 껍질에 그림을 그려서
①에 글루건이나 양면테이프로 붙여.

인형 몸통과 다리 만들기

① 팔을 껍질 사이로 끼우고
허리 부분을 묶은 다음
점선 가장자리 껍질을 잘라.

② 남은 껍질을 둘로
나누어 각각 묶고
끝을 자르면 완성.

③ 머리 크기에 맞춰
둥글게 이어 붙여.

나는 왕이다!

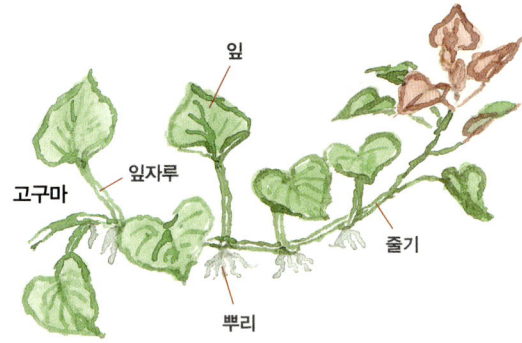

고구마

고구마는 줄기를 길게 뻗으면서 줄곧 잎을 내서
잎을 쳐 주어야 땅속 고구마가 굵어져.
고구마잎과 잎자루는 맛있는 먹을거리면서
재미난 놀잇감이야.

고구마잎 메달

고구마 잎자루 목걸이에 달린 잎을 접고 잘라서
여러 가지 모양으로 메달을 만들어.

동그란 모양

① 반으로 접어. ② 반원 모양이 되게 손으로 찢어. ③ 펼쳐서 바랭이 줄기로 꿰어.

단풍잎 모양

① 한 번 접어. ② 두 번 접어. ③ 세 번 접어서 점선 따라 잘라.

바랭이 줄기로 꿰면 잎이 시들어도 쪼그라들지 않아.

④ 펼쳐서 바랭이 줄기로 꿰어.

고구마 잎자루 목걸이

① 잎자루를 꺾어서 껍질이 이어지게 벗기며 꺾어 내려. 잎 있는 데까지 양쪽을 번갈아 꺾어 내려.

바랭이 줄기

② 두 끝을 바랭이 줄기로 꿰어서 묶어.

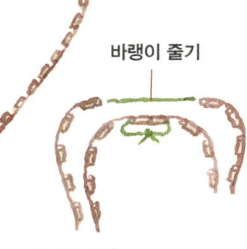

고구마 잎자루 팔찌

① 세 번 접어서 시옷 모양으로 잘라. ② 펼치면 꽃 모양이야. ③ 목걸이를 반으로 접어서 팔목에 둘러.

고구마 잎자루 껍질 수염

막 벗긴 잎자루 껍질을 얼굴에 붙여.

에헴, 이리 오너라.

가을 텃밭 풀 놀이

방동사니, 달개비, 쇠비름, 강아지풀······.
텃밭 둘레에는 풀이 많이 자라.
심어서 가꾸는 채소보다 쑥쑥 잘도 자라.
텃밭에서 자라는 풀은 뜯어서 놀기에 더없이 좋아.

방동사니 동무 사이

두 사람이 방동사니 줄기를 갈라서
네모 모양을 만드는 놀이야.
네모 모양이 만들어지면 동무 사이!

세모난 방동사니 줄기

① 두 사람이 방동사니 줄기 양쪽 끝을
각각 쥐고 줄기를 반으로 갈라.

② 가른 줄기 두 가닥을 잡고
천천히 갈라 나가.
다 가를 때까지 잡고 있어야 해.

한 가닥 이어지면
한쪽에서만 좋아하는 사이.

네모 모양으로 이어지면 동무 사이!

두 가닥으로 떨어지면
둘 다 안 좋아하는 사이.

이삭 꽃차례가
한 가닥이야.

이삭 꽃차례가
여러 갈래로
갈라졌어.

방동사니

금방동사니

방동사니 불꽃놀이

방동사니 줄기를 길게 뜯어서
이삭을 흔들면 불꽃놀이 하는 기분이야!

방동사니 이삭은
꼭 불꽃 같아.

목에 둘러
묶으면
방동사니
목걸이야.

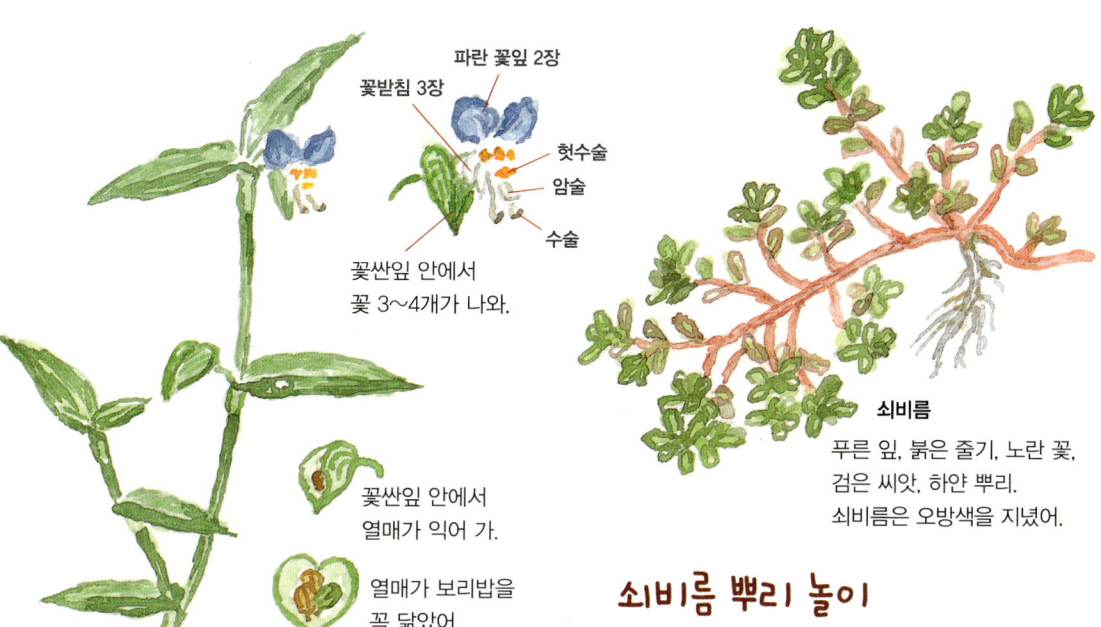

파란 꽃잎 2장
꽃받침 3장
헛수술
암술
수술
꽃싼잎 안에서 꽃 3~4개가 나와.
꽃싼잎 안에서 열매가 익어 가.
열매가 보리밥을 꼭 닮았어.

달개비

쇠비름
푸른 잎, 붉은 줄기, 노란 꽃,
검은 씨앗, 하얀 뿌리.
쇠비름은 오방색을 지녔어.

달개비꽃 손톱 물들이기
파란 달개비꽃으로 손톱을 물들여.

쇠비름 뿌리 놀이
흰 뿌리를 계속 훑으면 차츰 붉은색으로 바뀌어.
흰 뿌리를 붉게 만드는 놀이야.

"각시방에 불 밝혀라. 신랑방에 불 밝혀라." 노래를 부르면서 계속 뿌리를 훑어 내려.

"엄마 방에 불 밝혀라." 우아, 진짜 빨개졌다!

달개비 열매 보리밥
보리밥을 닮은 달개비 열매는 무슨 맛일까?
달개비 열매 따서 보리밥 밥상 차리자.

보리밥을 꼭 닮았네. 맛도 보리밥 맛?
보리밥 밥상이야.

강아지풀 놀이
강아지풀 이삭을 잘라서 줄기를 몸 쪽으로 놓고
팔뚝을 손날로 치면 이삭이 몸 쪽으로
꿈틀꿈틀 움직여.

진짜 강아지 같아.
워리워리 강아지야! 이리이리 오너라!

강아지풀

가을 가을 가을 들꽃 놀이

개울가 길을 따라 쑥부쟁이가
연보라색 고운 꽃을 피우고
우쭐우쭐 자란 왕고들빼기는
연노랑색 꽃을 수수하게 피웠어.
키다리 명아자여뀌는 개울을 다 덮을 기세고
키 작은 개여뀌는 길가 빈터를 발그레 물들여.
아주 작은 망초꽃, 털별꽃아재비꽃,
중대가리풀꽃도 가만가만 살펴보면 다 예뻐.
가을은 햇볕 좋고 바람도 불어 놀기 참 좋아.
애들아, 가을 들꽃 놀이 가자!

명아자여뀌

고마리

가을에 꽃 피는 들국화

산과 들에서 저절로 자라는 국화과 꽃들을 다 '들국화'라고 해.
쑥부쟁이, 구절초, 산국, 미국쑥부쟁이, 왕고들빼기가 다 들국화야.

꽃잎
암술
대롱꽃
씨방
혀꽃

가장자리 혀꽃들과
가운데 뭉쳐 핀
대롱꽃들
한 개 한 개가
다 꽃 한 송이야.

구절초

산국

시들면서
가운데 대롱꽃이
붉어져.

쑥부쟁이

미국쑥부쟁이

들국화 꽃머리띠

바랭이
돌피

① 돌피나 바랭이에서 줄기잎과 이삭을 잘라 내.

② 세 가닥을 모아 쥐고 머리를 땋듯이 엮어.

③ 양쪽 끝을 모아서 풀줄기로 묶어.

④ 틈을 벌리고 꽃을 끼워 넣어.

들국화 꽃점

들국화꽃 꽃잎을 한 장씩 떼어 내면서 사랑점을 쳐 봐.
'좋아한다' '안 좋아한다'를 되풀이하면서 꽃잎을 떼어 내.
마지막 꽃잎이 '좋아한다'일까, '안 좋아한다'일까?

좋아한다
안 좋아한다.

좋아한다
안 좋아한다.

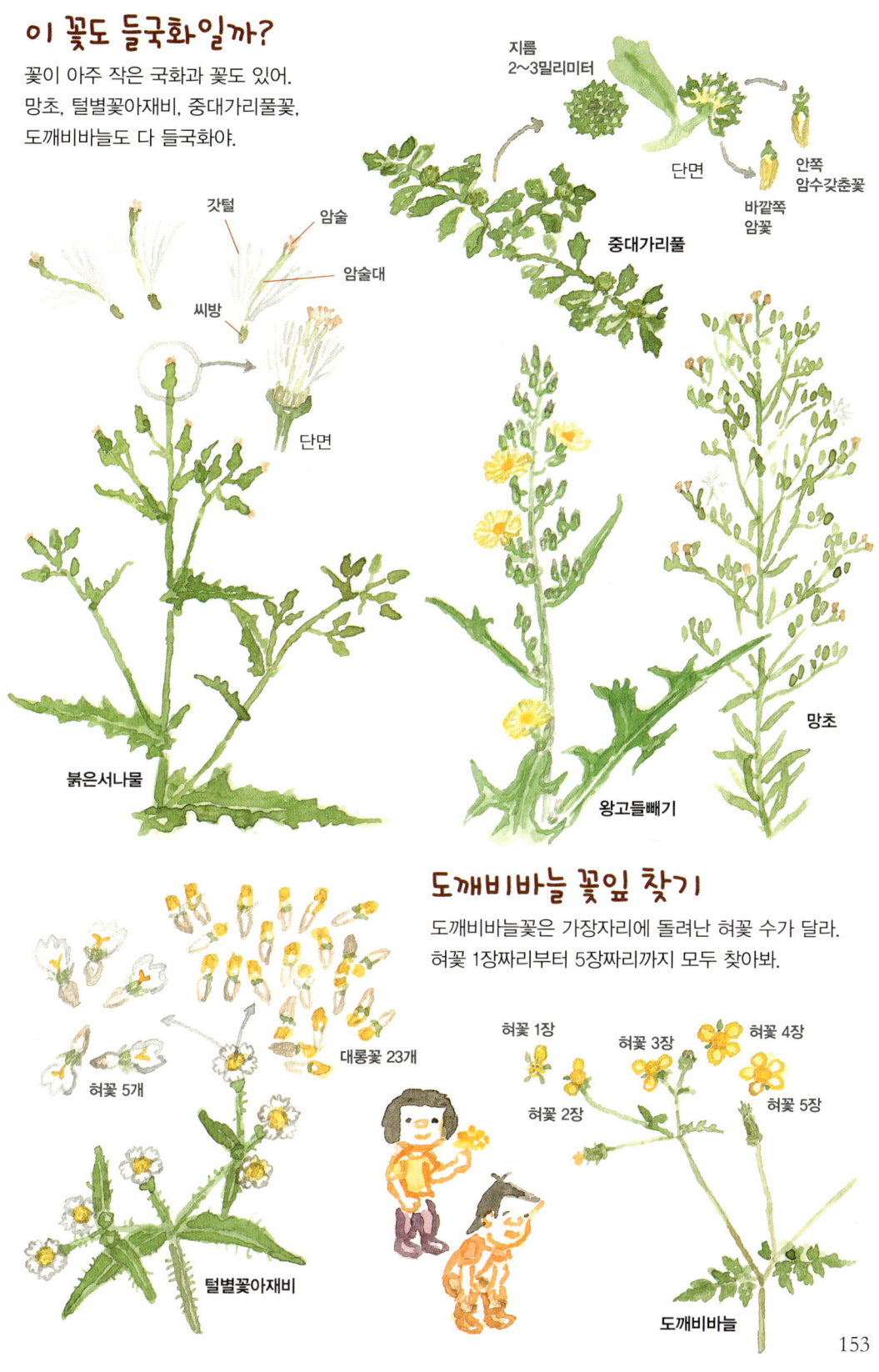

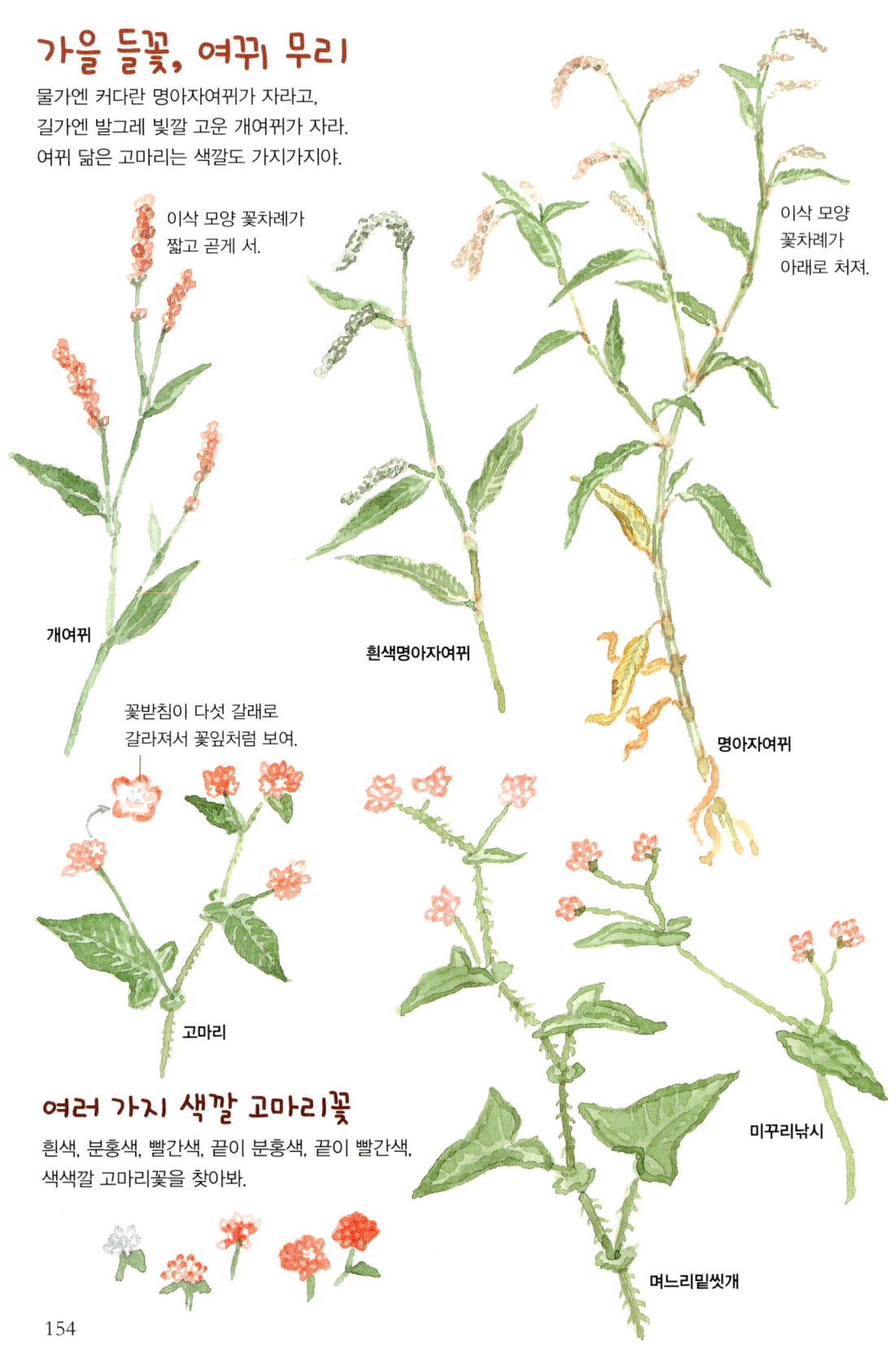

개여뀌 머리띠

개여뀌를 엮어서 머리띠를 만들어. 쑥부쟁이나 고마리 같은
가을 들꽃을 섞어서 엮으면 더 멋있어.

① 개여뀌 여섯 줄기쯤을 포개서 꽃이 있는 쪽을 잡아.
② 줄기를 세 가닥으로 나눠.
③ 세 가닥을 머리 땋듯이 엮어.

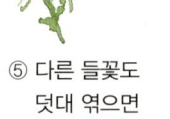

④ 줄기가 짧아지면 두 줄기씩 덧대면서 엮어.
⑤ 다른 들꽃도 덧대 엮으면 멋진 머리띠가 돼.
⑥ 두 끝을 둥글게 이어서 질경이나 토끼풀 줄기로 묶으면 완성!

가을 들꽃 소꿉놀이

① 칡 잎사귀 두 끝을 잘라.
② 자른 곳을 겹쳐서 강아지풀 줄기로 꿰어.
③ 여뀌꽃을 훑어서 담아.

개여뀌 꽃다발

개여뀌는 발그레한 고운 빛깔이
오래도록 변하지 않아.
개여뀌를 꺾어서 꽃다발을 만들어 봐.

질경이나 토끼풀 줄기로 꽉 묶어.

들꽃 밥상을 차리자.

모두 모여라! 들꽃 잔치다.

코스모스

길가에 코스모스와 노랑코스모스 꽃이 피었어.
코스모스는 심기도 하지만, 저절로 자라기도 해.

노랑코스모스   코스모스

코스모스 날리기

코스모스 꽃잎 여덟 장 가운데 한 잎 건너 한 장씩
네 장을 떼어 내. 높이 던지면 꽃잎이 돌면서 떨어져.

코스모스 꽃잎 따기 놀이

가위바위보를 해서 이긴 사람이 꽃잎을
한 장씩 따. 먼저 다 딴 사람이 이기는 거야.

코스모스 꽃잎 사진 꾸미기

① 코스모스 꽃잎으로 놀고 난 다음, 꽃잎을 모두 모아서 책갈피에 끼워 말려.

② 사진과 두꺼운 종이, 딱풀을 준비해.

③ 사진을 예쁘게 오려서 두꺼운 종이에 붙여.

④ 마른 꽃잎을 붙일 곳에 딱풀을 칠해.

⑤ 풀칠한 위에 마른 꽃잎을 얹고 종이를 덮어서 문질러.

⑥ ④와 ⑤를 되풀이해서 꽃잎을 다 붙이면 완성!

가을 들꽃에 찾아온 곤충

산국, 쑥부쟁이, 개여뀌에
나비, 꽃등에, 노린재가 찾아왔어.
꽃에서 꿀과 꽃가루를 먹고 짝짓기도 해.
가을 들꽃 앞에 가만히 앉아 있으면
온갖 곤충들을 볼 수 있어.

산국에 날아온 곤충

별넓적꽃등에
꽃등에

미국쑥부쟁이에 날아온 곤충

검정넓적꽃등에
배짧은꽃등에

노랑털기생파리
물결넓적꽃등에

십자무늬긴노린재
호리꽃등에

수중다리꽃등에

작은멋쟁이나비

만수국에 날아온 곤충

꼬리박각시

배초향에 날아온 곤충

개여뀌에 날아온 곤충

줄점팔랑나비
노랑나비
어리대모꽃등에
짝짓기하는 먹부전나비
검은다리실베짱이
우리가시허리노린재

재미 가득 가을 열매

나뭇가지, 풀대마다 열매가 조롱조롱
가을 햇살 받고 온갖 열매가 여물어.
발그레한 팥배나무 열매, 가무족족 아까시나무 열매,
댕글댕글 찔레 열매, 울퉁불퉁 목련 열매,
날개 달린 단풍나무 열매, 가시 달린 도꼬마리 열매,
씨앗이 톡톡 튀는 살갈퀴 열매,
씨앗이 훨훨 나는 박주가리 열매,
시큼 짭조름한 붉나무 열매, 떨떠름한 청미래덩굴 열매,
달착지근 까마중 열매, 독 있는 배풍등 열매,
가지가지 가을 열매, 재미 가득 가을 열매,
모아 모아 놀다 보면 가을이 훌쩍 가.

도깨비바늘

가을 열매 모으기

마을을 한 바퀴 돌면서 열매를 찾아.
아파트 앞뜰, 마을 공원, 길가, 빈터, 뒷산에서
여러 가지 가을 열매를 모아.
플라스틱 통, 페트병에 열매를 모아서
열매 놀이 하자.

멀리 가지 않아도 돼.
가까운 곳에서도
가을 열매를
찾을 수 있어.

누리장나무

노박덩굴

작살나무

배풍등

배풍등, 미국자리공은 맛있어 보여도
독이 있어서 못 먹어.

미국자리공

청미래덩굴

목련 열매

목련, 백목련, 일본목련. 이 세 나무는 고향이 다 달라. 목련은 우리나라와 일본, 백목련은 중국, 일본목련은 일본이 고향이야.

목련

백목련
백목련 열매는 씨앗이 많이 들어 있지 않아.

일본목련

목련 열매는 새들이 좋아해. 특히 딱따구리가 좋아해.

수컷

일본목련 열매를 찾아온 **큰오색딱따구리**

목련 열매 실 뽑기

목련 씨앗은 열매에 실로 이어진 채 대롱대롱 달려 있어. 목련 열매에서 실이 끊어지지 않고 가장 길게 씨앗을 빼낸 사람이 이겨.

아까시나무 열매

콩과 식물인 아까시나무는 열매가 꼬투리 모양이야. 꼬투리는 납작하게 생겨서 날개가 없어도 바람을 타고 멀리멀리 날아가 퍼져서 자라.

아까시나무 열매 놀이

① 꼬투리 끄트머리를 두 쪽으로 조금만 갈라.

② 한쪽씩 나누어 잡고 당겨서 꼬투리에 씨앗이 많은 사람이 이겨.

아까시나무 열매 날리기

아까시나무 꼬투리 열매를 두 쪽으로 갈라서 높이 던지면 꼬투리가 돌면서 떨어져.

칠엽수 열매

공원에 둥글둥글 공처럼 생긴 칠엽수 열매가 많이 떨어졌어. 두툼한 껍질 속에 밤처럼 생긴 알맹이가 들어 있네! 칠엽수 열매로 무얼 하고 놀까?

칠엽수 열매 소꿉놀이

칠엽수 열매껍질에 송곳으로 구멍을 뚫고 나뭇가지를 끼워서 숟가락을 만들어.

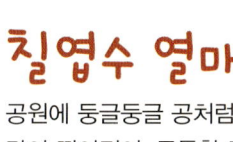

칠엽수 열매껍질에 작은 열매, 풀씨를 담아서 밥상을 차려.

오동나무 열매껍질

칠엽수 열매 구슬 놀이

칠엽수 열매 속 단단한 알맹이로 구슬 놀이를 해. 땅에 세모나 동그라미를 그리고 열매를 넣은 다음 번갈아 가며 열매를 던져서 밖으로 쳐 내. 열매를 다 쳐 낼 때까지 해.

모감주나무 열매

모감주나무는 꽃과 잎, 열매까지 예뻐서 공원에 많이 심어.
모감주나무 열매로 무얼 하고 놀까?

모감주나무 열매 배

모감주나무는 열매가 세 조각으로 갈라지는데 물에 잘 떠.
모감주나무 열매를 물에 띄우고 신나게 놀아 봐.

모감주나무 씨앗 총알

모감주나무 열매 속에는 아주 단단한 씨앗이 있어.
까맣고 탱글탱글한 모감주나무 씨앗을
대롱에 넣고 후 불어서 목표물을 맞혀 봐.

박주가리 열매

박주가리 열매 속 씨앗에는 낙하산 같은 털이 달려서
열매가 벌어지면 바람을 타고 먼 곳까지 날아가.

박주가리 열매 먹기

박주가리가 여물기 전에 속을 빼서 먹어 봐.
연한 털이 꼭 껌처럼 씹혀.

박주가리 씨앗 날리기

잘 마른 박주가리 열매를 쪼개서 씨앗을 날려 봐.
씨앗 수백 개가 한꺼번에 바람에 날리면 정말 멋져!

십자무늬긴노린재
박주가리 열매를 좋아해.

날개 달린 열매

단풍나무, 가죽나무, 튤립나무, 오동나무 열매 들에는 날개가 달렸어.
바람 타고 멀리멀리 날아가서 넓게 퍼져 자랄 수 있어.

날개 달린 열매 날리기

날개 달린 열매를 높이 던져서 날려.
열매마다 나는 모습이 달라.
높은 곳에서 날리면 더 재미나.

가시 달린 열매

뾰족뾰족 가시 돋은 열매는 짐승 털에 붙어서 멀리 퍼져 자라.

도꼬마리

큰도꼬마리

도깨비바늘

미국가막사리

쇠무릎

짚신나물

도꼬마리 열매

큰도꼬마리 열매

겉껍질을 벗긴 씨앗은 볶아서 약으로 써.

큰도꼬마리 열매를 자르면 큰 씨앗, 작은 씨앗이 하나씩 들어 있어.

쇠무릎 열매 바느질

쇠무릎 열매가 달린 줄기를 길게 잘라서 옷에 훑으면 꼭 바느질한 것처럼 열매가 붙어. 등이나 소매를 쇠무릎 열매로 바느질해 봐.

도꼬마리 열매 붙이기

조금 떨어져 서로 마주 보고 도꼬마리나 도깨비바늘을 번갈아 가며 던져. 누가 더 많이 열매를 붙이는지 겨루는 거야.

짚신나물 열매 꾸미기

짚신나물 열매를 옷에 붙여서 꾸며 봐.

끈끈이 열매

끈끈이 열매는 가시 대신 끈끈이로
씨앗을 짐승 털에 붙여서 멀리 퍼트려.

샘털 끝에
끈끈이가
묻어 있어.

털진득찰

주름조개풀

까끄라기에
끈끈이가
묻어 있어.

씨앗 끝에
끈끈이가
묻어 있어.

긴담배풀

끈끈이 열매 놀이

털진득찰 같은 끈끈이 열매가 달린
줄기를 하나씩 들고 서로 붙였다 떼어서
누가 더 많이 붙여 오는지 겨뤄.

이겼다!

씨앗을 튕기는 열매

물봉선, 살갈퀴, 이질풀은 열매 꼬투리가 터지면서
씨앗을 멀리 날려 보내.

이질풀

열매껍질이
다섯 조각으로
갈라져.

한 조각씩
말려 올라가면서
씨앗을 날려.

씨앗 다섯 개를
모두 날렸어.

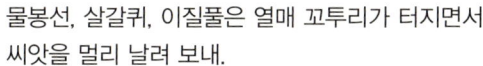

물봉선

살갈퀴

씨앗 튕기기 놀이

살갈퀴나 물봉선 열매를 막대기로
휘휘 건드리면 꼬투리가 터져서
이리저리 톡톡 씨앗이 튕겨.

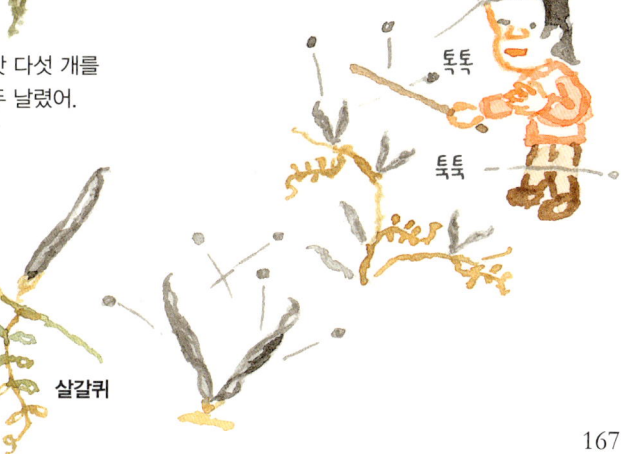

톡톡

톡톡

167

단풍 놀이 낙엽 놀이

가을이 깊어지면 나뭇잎이 울긋불긋 물들어.
단풍나무, 담쟁이덩굴, 화살나무, 붉나무는
누가 더 붉은지 다투듯 붉게 붉게 물들어.
은행나무, 계수나무, 튤립나무, 생강나무가
노랗게 물들면 마을은 반짝반짝 빛이 나.
주황색 팥배나무, 거뭇거뭇 일본목련, 발긋발긋 산철쭉.
낙엽은 최고의 놀잇감이야.
한 아름 모아서 뿌리고, 낙엽 이불 덮으며 놀자.
겹겹이 꿰서 낙엽 꼬치 만들고,
줄줄이 엮어서 낙엽 목걸이 만들자.
우아, 가을 내내 신나는 낙엽 놀이!

낙엽 이불 덮어 줄게!

여러 가지 낙엽

마을을 한 바퀴 돌면서 낙엽을 모아.
색깔도 모양도 크기도 다른 낙엽을 모아.

낙엽으로 만들기

나무가 스스로 떨구어 버린 낙엽으로 마음껏 놀아 보자.
그림 그리고, 오리고, 접고, 붙이고, 매달고, 꿰고, 엮으면서 놀아.

낙엽 꼬치

① 가는 나뭇가지로 낙엽을 콕콕 찔러서 꿰어.
② 낙엽들을 차곡차곡 꿰면 낙엽 꼬치 완성!

Y자 나뭇가지 두 개를 땅에 꽂아. 낙엽 꼬치를 걸고 살살 돌려.

향기 나는 계수나무 낙엽 꽃

계수나무 낙엽에서는 달고나 냄새가 나.
낙엽을 말아서 향기 나는 낙엽 꽃을 만들어.

계수나무 낙엽 6장

① 계수나무 낙엽을 반으로 내려 접어.
② 낙엽을 돌돌 말아.
③ 반으로 접은 낙엽을 덧대서 계속 말아.
④ 낙엽 여섯 장을 덧대어 말아서 끈으로 묶어.
⑤ 향기 나는 계수나무 낙엽 꽃 완성!

낙엽 목걸이

노끈에다 낙엽을 줄줄이 꿰서 낙엽 목걸이를 만들어.

 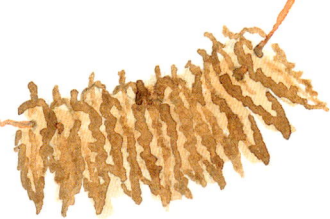
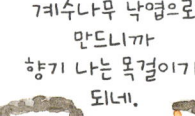

계수나무 낙엽으로 만드니까 향기 나는 목걸이가 되네.

① 가는 나뭇가지로 낙엽에 구멍을 내.
② 노끈으로 낙엽을 줄줄이 엮어.
③ 목에 두르고 묶으면 낙엽 목걸이 완성!

벚나무 낙엽 꽃

벚나무 낙엽 7장

① 벚나무 낙엽을 반으로 내려 접어.

② 돌돌 말아.

③ 세 장을 반으로 접어서 반씩 겹쳐 놔.

④ ②에서 말아 놓은 낙엽을 끝에 올리고 돌돌 말아.

⑤ 접지 않은 낙엽 세 장을 반씩 겹쳐 놔.

⑥ ④에서 말아 놓은 낙엽을 끝에 올리고 돌돌 말아.

⑦ 끈으로 묶으면 벚나무 낙엽 꽃!

낙엽 무지개 벽지

검붉은색　붉은색
주황색　노란색　초록색

① 낙엽을 색깔별로 모아.

② 같은 색깔끼리 둥그렇게 층층이 붙여.

색색깔 낙엽 벽 장식

① 낙엽을 색깔별로 모아.

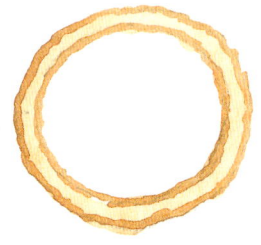
② 두꺼운 종이를 둥글게 오려.

③ 종이가 보이지 않게 낙엽을 색깔끼리 이어 붙여.

딱풀을 발라서 붙여.

은행나무 낙엽 여우

① 낙엽을 그림처럼 세 갈래로 오려.

② 구멍을 뚫고 잎자루를 구멍에 꿰어.

③ 눈을 그리면 여우 완성!

재주 많은 낙엽이야!

은행나무 낙엽 사슴

① 낙엽을 그림처럼 오려.

② 구멍을 뚫고 잎자루를 구멍에 꿰어.

③ 눈을 그리면 사슴 완성!

벚나무 낙엽 부엉이

① 낙엽을 그림처럼 오려.

② 구멍을 뚫고 잎자루를 구멍에 꿰어.

③ 하얀 물감으로 눈을 그리면 완성!

색깔이 다른 낙엽으로 부엉이를 여러 개 만들어서 가는 나뭇가지에 꿰어 벽에 걸면 멋진 벽걸이가 돼.

중국단풍 부엉이

① 낙엽을 그림처럼 오려.

② 구멍을 뚫어.

③ 잎자루를 구멍에 꿰어.

④ 하얀 물감으로 눈을 그리면 완성!

벚나무 낙엽 토끼

벚나무 낙엽 1장 / 솔잎 2개

① 토끼 귀를 오린 다음 귀를 남기고 접어 내려.
② 점선 부분을 뒤로 접어.
③ 점선 부분을 접어.
④ 그림처럼 구멍 두 개를 뚫어.
⑤ 구멍에 솔잎 두 개를 엇갈리게 끼워.
⑥ 뒤집어서 눈을 그리면 토끼 완성!

느티나무 낙엽 여우

옷핀으로 옷에 꿰면 예쁜 여우 옷 장식!

① 낙엽을 그림처럼 오려.
② 구멍을 뚫고 잎자루를 구멍에 꿰어.
③ 눈을 그리면 여우 완성!

낙엽 벽 그림

낙엽을 벽에 붙여서 커다란 벽 그림을 그려.

포장 종이나 골판지 / 양면테이프 / 여러 가지 낙엽

① 포장 종이를 길게 찢어.
② 벽에 포장 종이를 나무 모양으로 붙여.
③ 낙엽을 양면테이프로 붙여.

낙엽으로 그림 그리기

종이에 낙엽을 붙여서 그림을 그려.

낙엽에 그림 그리기

커다란 낙엽에 사인펜이나 물감으로 그림을 그려.

낙엽 뒤집기 놀이

앞면과 뒷면 색깔이 다른 일본목련 낙엽으로 하는 놀이야.

① 일본목련 낙엽을 열 장 모아.

② 다섯 장은 앞면, 다섯 장은 뒷면이 되게 바닥에 넓게 펼쳐 놓고, 앞 편과 뒤 편, 심판을 정해.

③ 심판이 '시작!' 하면, 앞 편은 낙엽 뒷면을 앞면으로 뒤집고, 뒤 편은 앞면을 뒷면으로 뒤집어. 심판이 '멈춰!' 할 때까지 뒤집어.

④ 심판이 '멈춰!' 하면 앞면과 뒷면 낙엽 수를 세어서 많은 쪽이 이겨.

탱글탱글 도토리 토실토실 알밤

후두둑, 툭, 툭. 숲정이*에서 소리가 들려.
참나무, 밤나무에서 도토리랑 알밤이 떨어져.
도토리랑 알밤 떨어지는 소리가 우리를 불러.
떼구르르 도토리랑 알밤이 굴러가서 숨었어.
탱글탱글 도토리 토실토실 알밤 보물찾기 해 볼까?
도토리랑 알밤을 주워서 놀자.
굴리기, 던져 넣기 놀이도 하고 팽이도 만들 거야.
도토리깍정이랑 밤 쭉정이도 숲길에 널렸어.
깍정이 쌓기 놀이, 깍정이 팽이.
가을 숲 놀이 재밌다, 재밌어!

* 숲정이 : 마을 가까이에 있는 숲

도토리나무, 참나무
신갈나무, 상수리나무, 굴참나무, 떡갈나무, 갈참나무, 졸참나무처럼 도토리가 열리는 나무를 모두 한데 묶어 '참나무'라고 해.

굴러라, 도토리야!

도토리를 하나씩 주워 들고
비탈진 길 위쪽에 한 줄로 서.
나무에서 도토리가 떨어지듯 한 사람씩
손을 높이 들고서 도토리를 떨어뜨려.
누구 도토리가 가장 멀리 굴러갈까?

던지는 게 아니라
그냥 떨어뜨리는 거야.

떽
떽
데
구
르
르
르

숲에서 찾은 도토리

참나무에 열리는 도토리, 먹을 수 있는 도토리, 동물들도 좋아하는 도토리, 놀거리도 많은 도토리. 그래서 고마운 도토리야. 도토리 주워서 실컷 놀고 주운 곳에 다시 갖다 놓아야지.

떡갈나무 도토리
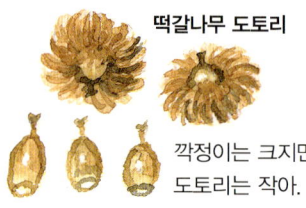
깍정이는 크지만 도토리는 작아.

신갈나무 도토리

가장 먼저 여물어.
끝이 납작하게 생겼어.
주름진 도토리가 많아.

굴참나무 도토리

상수리나무 도토리

갈참나무 도토리
끝이 뭉뚝해.

졸참나무 도토리

굴참나무잎 뒤에 잔털이 나서 희끗희끗하게 보여.

굴참나무와 상수리나무는 도토리가 여무는 데 두 해가 걸려. 그래서 도토리가 굵지. 도토리와 깍정이는 꼭 닮아서 구별할 수가 없어. 굴참나무잎 뒤에 난 잔털로만 구별할 수 있어.

도토리가 가장 작아. 길쭉하고 끝이 뾰족해.

공원에서 찾은 도토리

대왕참나무와 루브라참나무는 모두 미국에서 들여온 참나무야. 공원이나 아파트 뜰에 많이 심고 가로수로도 많이 심어.

루브라참나무 도토리

대왕참나무 도토리

도토리가 무척 커.

대왕참나무는 '대왕'이란 이름에 걸맞지 않게 루브라참나무보다 잎과 도토리가 작아.

도토리 팽이 만들기

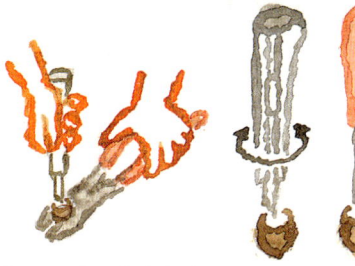

① 도토리를 펜치에 끼우고, 도토리 가운데에 칼끝으로 구멍을 내.
② 송곳으로 구멍을 넓혀.
③ 구멍에 이쑤시개를 끼워.
④ 정확히 수직이 되게 끼우고 적당히 잘라.

여러 가지 도토리 팽이

- 갈참나무 도토리 팽이
- 대왕참나무 도토리 팽이
- 커다란 루브라참나무 도토리 팽이

춤추는 허수아비

갈참나무 도토리

깍정이가 씌워진 작은 도토리

상수리나무 도토리 2개

가는 나뭇가지

① 송곳으로 도토리에 구멍을 뚫어.

② 그림처럼 나뭇가지를 끼워.

몸통보다 팔이 아래로 처져야 해.

③ 긴 나뭇가지는 비스듬히 아래로 처지게 끼워. 많이 처지는 쪽 나뭇가지를 조금씩 자르면서 균형을 맞춰.

도토리 열쇠고리

루브라참나무 도토리

갈참나무 도토리

끈

가는 철사

열쇠고리

① 깍정이 가운데를 송곳으로 뚫어.

② 끈을 묶어서 매듭을 만든 다음 잘라.

③ 가는 철사를 접은 다음 사이에 ②를 끼워.

④ 깍정이 구멍에 끈을 끼워서 빼내.

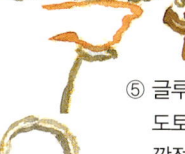

⑤ 글루건으로 도토리를 깍정이에 붙여.

⑥ 고리에 끼우고 펜치로 꼭 조여.

갈참나무 도토리도 똑같이 만들어.

도토리깍정이

도토리깍정이는 참나무 종류마다 모양이 달라.
신갈나무 도토리깍정이는 울퉁불퉁, 갈참나무 깍정이는 맨질맨질,
상수리나무 깍정이는 털북숭이야.

신갈나무 도토리깍정이

옆으로 퍼진 것   속이 깊은 것

갈참나무 도토리깍정이

옆으로 퍼진 것
　　　속이 깊은 것

떡갈나무 도토리깍정이

굴참나무 도토리깍정이

굴참나무 도토리깍정이와
상수리나무 도토리깍정이는
구별하기가 어려워.

상수리나무 도토리깍정이

졸참나무 도토리깍정이

루브라참나무 도토리깍정이

대왕참나무 도토리깍정이

깍정이 팽이

① 깍정이를 나무판자나 두꺼운 종이 위에 엎고 칼끝으로 살살 돌려 가면서 구멍을 내.
② 송곳으로 구멍을 넓혀.
③ 이쑤시개나 꼬치 막대를 끼우고 적당히 잘라 내.
④ 뾰족한 끝을 둥글게 다듬어.
⑤ 수직이 되게 잘 맞춰.

여러 가지 깍정이 팽이

털북숭이 상수리나무 깍정이는 털을 떼어 내고 만들어.
신갈나무 깍정이 팽이
루브라참나무 깍정이 팽이
두 개를 맞물려서 만든 팽이

깍정이 탑 높이 쌓기

도토리깍정이를 무너뜨리지 않고
가장 높이 쌓는 사람이 이기는 거야.

깍정이 손가락 인형

손가락에 사인펜으로 눈과 입을 그리고
손가락에 맞는 도토리깍정이를 끼워.

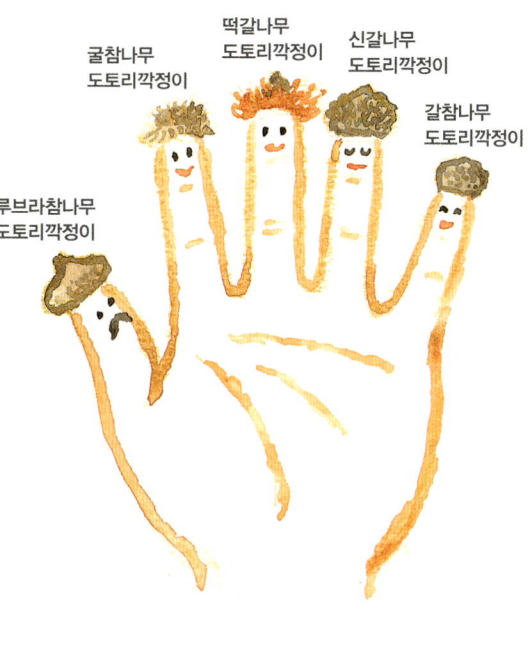

굴참나무 도토리깍정이
떡갈나무 도토리깍정이
신갈나무 도토리깍정이
갈참나무 도토리깍정이
루브라참나무 도토리깍정이

깍정이 탑 돌아가며 쌓기

여럿이 차례로 돌아가며 도토리깍정이를 쌓아.
무너뜨리는 사람이 지는 거야. 진 사람은 빠지고
한 사람만 남을 때까지 계속해.

깍정이 인형

폐건전지를 가지고
깍정이 인형을 만들어 봐.

 루브라참나무 도토리깍정이
 떡갈나무 도토리깍정이
 굴참나무 도토리깍정이
 폐건전지 3개 (작은 것 1개)
 두꺼운 종이나 골판지
 양면테이프

① 종이로 폐건전지를 돌려서 싸.

② 물감으로 색칠하고 사인펜으로 눈과 입을 그려.

③ 폐건전지 세 개 모두 ①, ②처럼 만들어.

④ 두꺼운 종이나 골판지를 오려.

⑤ 양면테이프로 붙여.

⑥ 도토리깍정이를 씌우면 완성! 다른 깍정이로 바꿔 씌워 봐.

깍정이 피리

도토리깍정이로 피리를 불어 봐.
속이 깊은 신갈나무, 갈참나무,
루브라참나무 도토리깍정이가 잘 불어져.
상수리나무, 굴참나무 도토리깍정이는
털을 떼어 내고 불어 봐.

처음에는 소리를
내기가 어려워.
자꾸 하다 보면
소리가 잘 나.

신갈나무
도토리깍정이

갈참나무
도토리깍정이

루브라참나무
도토리깍정이

상수리나무
도토리깍정이

털을 떼어 내.

① 도토리깍정이를
엄지손가락 두 개로
브이(∨) 자 모양만
남기고 모두 막아.

② 엄지손가락 첫째 마디를
입으로 물듯이 하고
후 불어.

깍정이 목걸이

도토리깍정이에 풀 이삭이나
열매를 끼워서 목걸이를 만들어.

팥배나무 열매

강아지풀

갈참나무
도토리깍정이

목걸이 줄

끈

① 도토리깍정이에
송곳으로
구멍을 뚫어.

② 강아지풀을 모아서
이삭 아래를 묶고,
1센티미터쯤
여유를 두고 잘라 내.

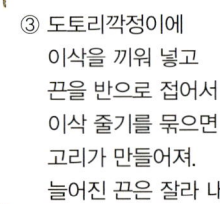

③ 도토리깍정이에
이삭을 끼워 넣고
끈을 반으로 접어서
이삭 줄기를 묶으면
고리가 만들어져.
늘어진 끈은 잘라 내.

④ 목걸이 줄에 꿰어.
팥배나무 열매도
강아지풀처럼 하면 돼.

깍정이 소꿉놀이

도토리깍정이에 풀씨를 담아서 소꿉놀이를 해.
깍정이가 멋진 그릇으로 바뀔 거야. 넓적한 신갈나무,
갈참나무, 루브라참나무 도토리깍정이가 좋아.
상수리나무 도토리깍정이는 털을 떼어 내.

신갈나무 도토리깍정이
갈참나무 도토리깍정이
상수리나무 도토리깍정이
털을 떼어 내.
도토리깍정이 그릇
나뭇가지 젓가락
밤쭉정이 숟가락

깍정이 고리

천 조각
솜
갈참나무 도토리깍정이
털실
가는 철사
열쇠고리

① 천 조각에 솜을 얹고 공처럼 싸서 묶어.

② 매듭 위 천을 바짝 잘라 내.

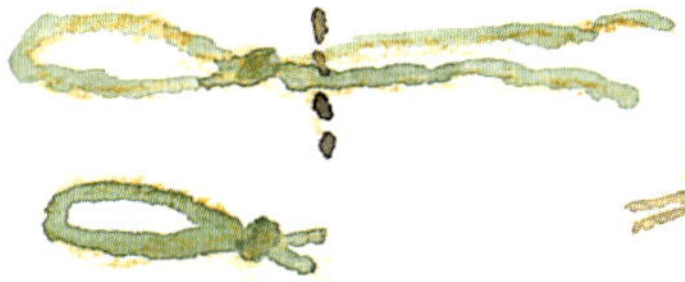

③ 털실을 묶고 매듭 아래를 잘라서 고리를 만들어.

④ 가는 철사를 접고 그 사이에 털실 고리를 걸어. 깍정이 구멍에 끼워서 빼내.

⑤ 솜으로 만든 공을 깍정이에다 글루건으로 붙여.

⑥ 열쇠고리에 끼워.

밤

숲에서 주운 알밤은 시장에서 산 밤보다 훨씬 작아. 작고 동글동글해서 잘 굴러가. 그래서 놀기에 좋아. 도토리처럼 멀리 굴리기를 할 수도 있고 던져 넣기도 할 수 있어.

알밤 인형 만들기

① 알밤에 송곳으로 구멍을 뚫어.

② 나뭇가지를 끼운 다음, 눈과 입을 그려.

③ 넓적한 낙엽 위에 나뭇가지를 얹고 반으로 접어.

④ 칼집을 위, 아래 두 군데에다 내.

⑤ 칼집 낸 ④에 ②를 꿰어.

⑥ 길쭉한 낙엽 두 장을 포개서 칼집을 위, 아래 두 군데에다 내고 ⑤를 꿰어.

⑦ 은행잎을 둥글게 말아서 풀줄기로 꿰어 고깔모자를 만들어. 글루건으로 밤 머리에 붙이면 완성.

상수리나무 도토리깍정이를 글루건으로 밤 머리에 붙여.

넓적한 벚나무잎을 길게 반으로 접어. 칼집을 위, 아래 두 군데에다 내고 나뭇가지에 꿰어.

신갈나무 낙엽에 위, 아래 두 군데에다 칼집을 내고 나뭇가지에 꿰면 완성.

밤 쭉정이

숲에서 주운 밤송이는 알밤보다 밤 쭉정이가 더 많은 것 같아.
밤 쭉정이는 알맹이가 없어서 먹지 못하지만 놀기에는 좋아.

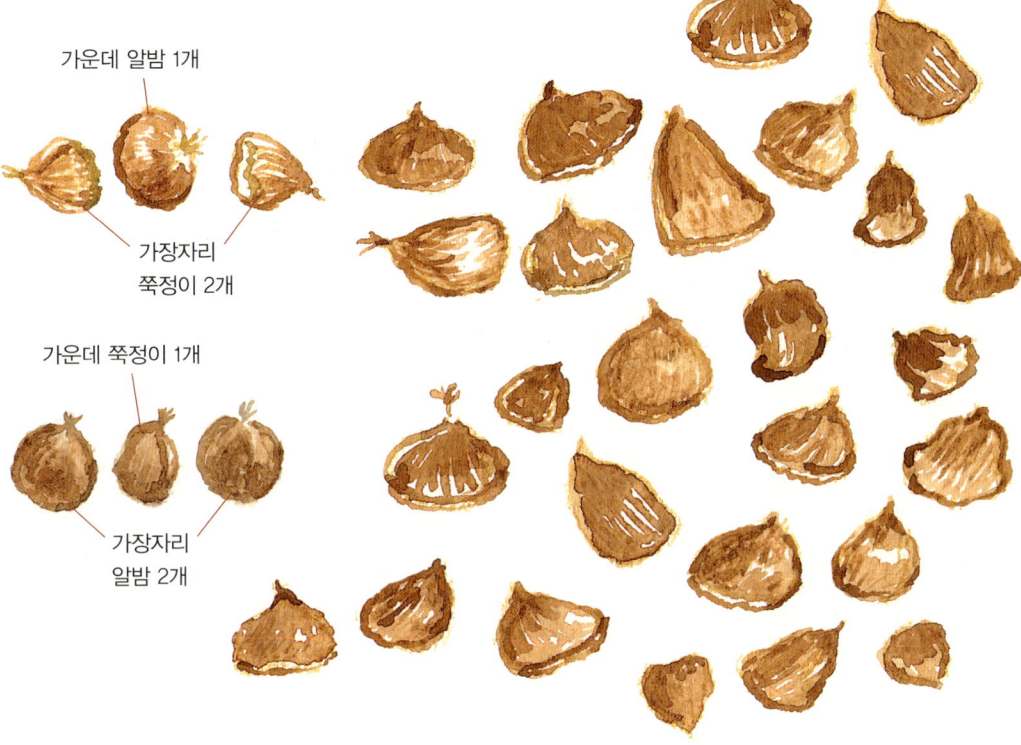

가운데 알밤 1개
가장자리 쭉정이 2개

가운데 쭉정이 1개
가장자리 알밤 2개

밤 쭉정이 탑 쌓기

밤 쭉정이는 도토리깍정이 쌓기와는 반대로 오목한 곳이
위로 가게 쌓아. 깍정이 탑 쌓기처럼 높이 쌓기도 하고
여럿이 돌아가며 쌓기도 해 봐.

밤 쭉정이 숟가락

밤 쭉정이로 숟가락을 만들어서
소꿉놀이도 하고 도토리 옮기기 놀이도 해.

① 밤 쭉정이 끝을
가위로 잘라.

② 송곳으로
밤 쭉정이에
구멍을 뚫어.

③ 가는 나뭇가지를
구멍에 끼워 넣으면
숟가락 완성.

도토리 옮기기

밤 쭉정이 숟가락으로 도토리를 옮기는 놀이야.
편을 갈라서 어느 편이 도토리를 빨리 옮기는지 겨뤄 봐.
땅에 떨어뜨리면 지는 거야.
미리 놓아 둔 그릇에 도토리를 빨리 담는 편이 이겨.

여기에 먼저 넣는 편이 이겨.

밤 쭉정이 물레방아

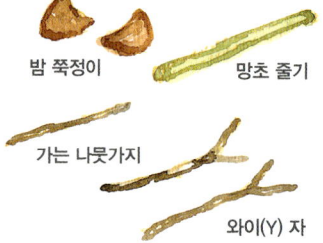

밤 쭉정이   망초 줄기

가는 나뭇가지

와이(Y) 자 나뭇가지

① 밤 쭉정이에 송곳으로 구멍을 내.

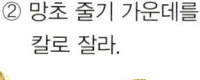

② 망초 줄기 가운데를 칼로 잘라.

③ 가는 나뭇가지를 망초 줄기에 꿰어.

④ 밤 쭉정이를 가는 나뭇가지 양쪽에 꿰어. 한쪽은 오목한 쪽이 위로, 다른 한쪽은 볼록한 쪽이 위로 가게 꿰어.

⑤ 물이 떨어지는 곳에 와이 자 나뭇가지를 세우고 ④를 와이 자 나뭇가지 위에 올리면 물레방아 완성!

물이 없으면 와이 자 나뭇가지를 땅에 꽂고 물레방아를 만들어서 입으로 불어 돌려 봐.

겨울 마을 놀이터

12월 겨울나무에서 보물찾기
　　　겨울 대장 늘푸른나무
　　　솔아 솔아 늘 푸른 소나무야

1월 겨울 숲에서 놀자
　　　벌레들의 겨울나기
　　　겨울 풀, 마른 풀, 방석 풀

2월 겨울 냇가에서 놀자
　　　새를 찾아 마을 한 바퀴
　　　물새들의 겨울나기

겨울나무에서 보물찾기

붉나무네가 사는 아파트 마을 가까이
공원과 숲이 있어서 나무가 많아.
은행나무, 살구나무, 감나무, 개나리,
물오리나무, 신갈나무, 아까시나무, 진달래,
산수유, 황매화, 넝쿨장미와 산철쭉……
겨울나무는 잎이 다 져서 텅 비어 보이지만
재미있는 것들이 숨어 있어.
무엇이 숨어 있을까?

은행나무

향나무

살구나무

개나리

넝쿨장미

회양목

말 탄 놈도 꺼떡꺼떡!

나뭇가지 말이야. 이랴! 이랴!

보물찾기다!

나무는 다 달라

단풍나무, 감나무처럼 가을에 잎이 지는 갈잎나무와
향나무, 회양목처럼 잎이 지지 않는 늘푸른나무가 있어.
은행나무, 살구나무는 큰키나무,
산수유, 아그배나무는 작은키나무,
개나리, 산철쭉, 앵두나무는 떨기나무야.
담쟁이덩굴, 등나무 같은 덩굴나무도 있어.

- 살구나무와 감나무는 열매가 달리는 가지가 달라.
  살구는 지난해 자란 묵은 가지에 달리고,
  감은 올해 새로 자란 가지에 달려.

감나무

단풍나무

섬잣나무

앵두나무

명자나무

겨울나무에 숨은
보물을 찾을 거야.

감은 왜 나무
꼭대기 가지에
많이 달릴까?

까치밥이잖아.
까치 먹기
좋으라고.

가지가지 나뭇가지

밤색, 갈색, 푸른색, 자주색 나뭇가지. 거칠거칠한 나뭇가지, 반질반질한 나뭇가지.
가시가 삐죽삐죽 나뭇가지, 냄새나는 나뭇가지. 속이 빈 나뭇가지, 연한 속심이 있는 나뭇가지.
나뭇가지로 무얼 하면서 놀까?

올망졸망 겨울눈, 재미난 잎자국

겨울나무는 겨울눈을 수천 수만 개 달고 새봄을 준비해.
겨울눈은 털옷, 가죽옷을 입고 겨울을 나.
어떤 겨울나무는 속옷 한 벌 없이도 거뜬히 겨울을 견뎌.
겨울눈 잎자국이 다 달라.

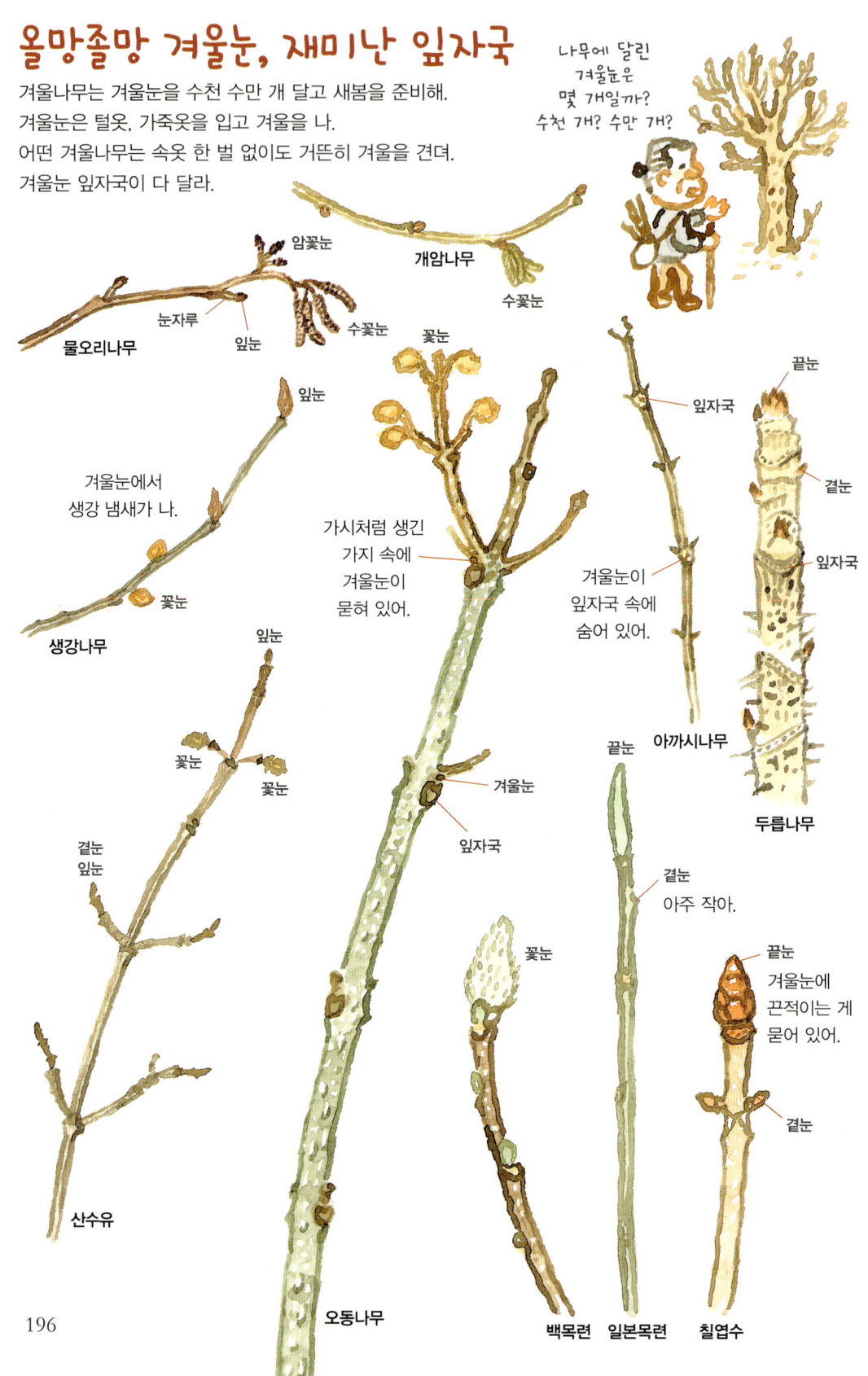

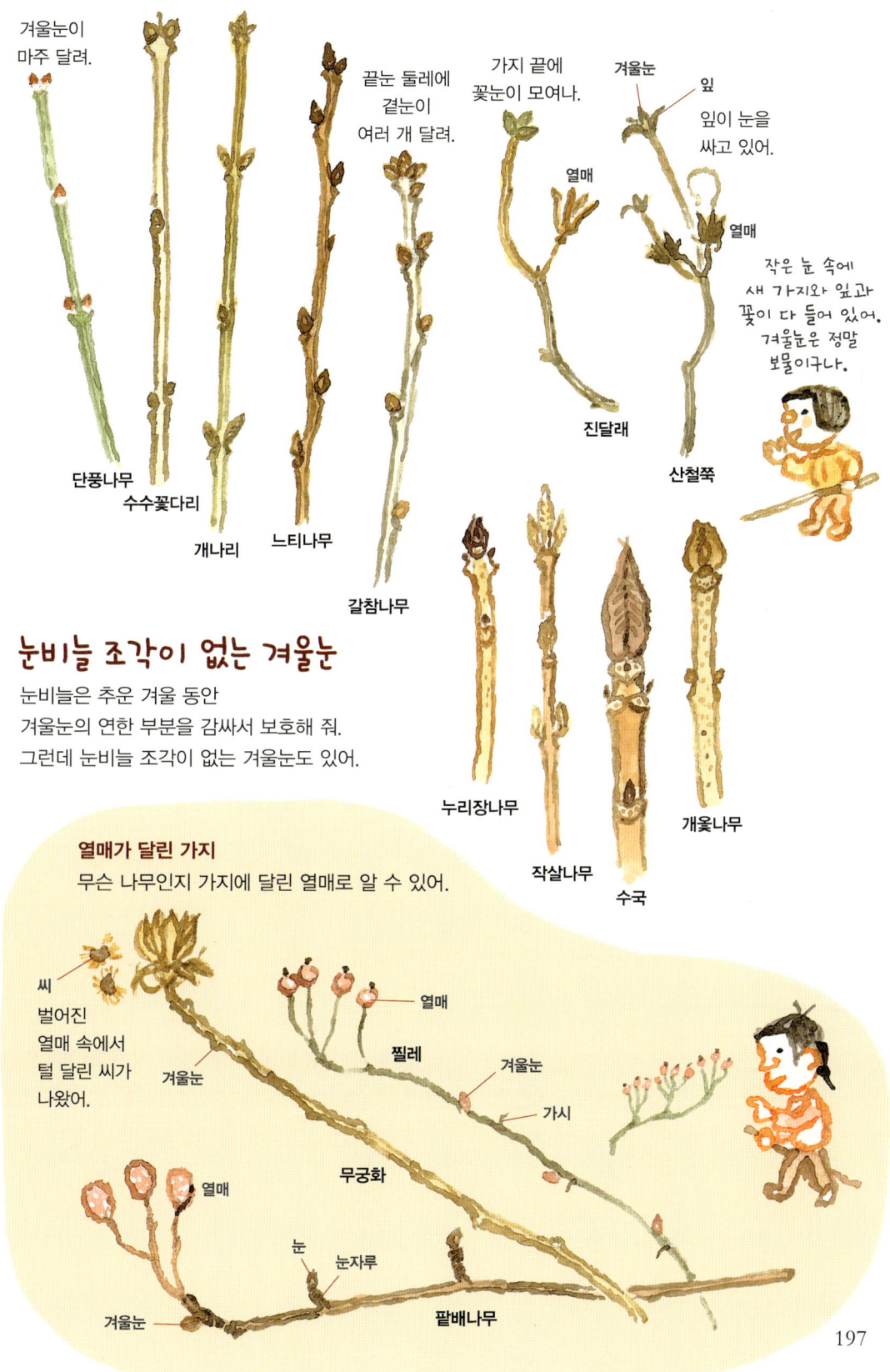

나뭇가지에서 찾은 재미난 표정들

잎자국, 겨울눈, 턱잎, 가시가 어우러져서 나뭇가지에 재미있는 표정을 만들었어.
아주 작아서 돋보기로 보아야 찾을 수 있어.

나뭇가지 활 만들기

곧고 잘 휘는 나뭇가지로 활을 만들어.
멋진 활을 뚝딱 만들 수 있는
나뭇가지가 보물이야.

① 활줄 묶을 곳에 홈을 파.
② 한쪽 홈에 노끈을 묶어.
③ 나뭇가지를 구부리면서 노끈을 다른 쪽 홈에 팽팽하게 당겨서 묶으면 완성.

나뭇가지 양쪽 끝을 불에 대고 둥글게 휘어 주면 더 멋진 활을 만들 수 있어.

사람이 있는 곳에서 쏘면 아주 위험해.

넓은 곳에서 잘 살피고 쏴.

화살을 활줄에 걸어서 엄지손가락과 집게손가락으로 쥐고 당겼다 놔.

화살을 엄지손가락 위에 걸쳐.

황매화 가지 속심 빼내기

황매화는 산울타리로 많이 심는 떨기나무야.
황매화 가지 속에는 꼭 스티로폼 같은 연한 속심이 있어.
철사나 꼬치 막대로 황매화 가지 속심을 빼내서 놀아.

앗, 튕겨 나갔다!

누가 길게 빼나 겨뤄 보자.

① 가지를 10센티미터쯤 되게 잘라. 너무 길면 빼내기 힘들어.
② 꼬치 막대를 가는 쪽에서 굵은 쪽으로 찔러 넣어.
③ 꼬치 막대를 깊게 찔러 넣으면 하얀 속심이 쏙 빠져나와. 멀리 튕겨 나가기도 해.
④ 빼낸 속심을 길게 늘여.

황매화 속심 반지, 귀걸이

빼낸 속심을 둥글게 휘어 글루건으로 붙이면 반지 완성!

① 고리를 이어.

② 한쪽에 큰 고리를 잇고 다른 쪽에 고무줄을 이어.

③ 고무줄을 귀에 걸어.

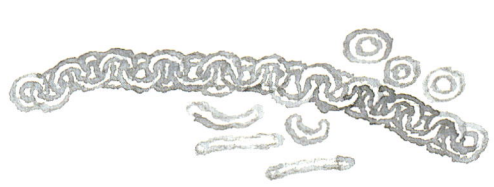

길게 이어 만든 팔찌

더 길게 이어서 목걸이를 만들어.

황매화 가지 피리

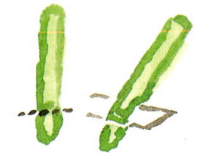

속심을 빼낸 황매화 가지

① 한쪽 끝을 비스듬히 잘라 내.

② 비닐 끼울 자리를 점선대로 잘라.

③ 두꺼운 비닐을 그림처럼 잘라서 끼우면 피리 완성! 우편물이 담겨 오는 포장 비닐 봉투 두께 정도가 딱 좋아.

④ 피리 중간쯤을 물고 후 불어. 피리 끝을 물면 소리가 안 나.

황매화 가지 빨대

속심을 빼낸 황매화 가지는 천연 빨대야.
황매화 가지 빨대로 마시니까 더 맛있네!

꽃잎이 겹으로 달리는 것을 죽단화라고 해. 죽단화로도 황매화와 똑같이 놀 수 있어.

황매화, 개나리, 흰말채나무 팔찌 만들기

속이 빈 개나리 나뭇가지

연한 속심이 있는 흰말채나무 가지

① 흰말채나무는 철사를 찔러 넣어서 속심을 빼내.

② 개나리, 흰말채나무 가지를 5~7밀리미터 길이로 잘라.

③ 속심을 빼낸 황매화는 꼬치 막대를 끼우고 칼을 돌려서 잘라. 그냥 자르면 부서져.

④ 빠지지 않게 매듭을 지어.

가는 철사를 휘어서 바늘을 만들었어.

매듭

실

색색으로 엮으니까 예뻐.

황매화 가지 로켓 만들기

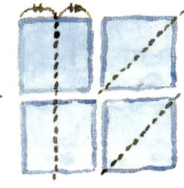

① 색종이를 넷으로 나눠.

② 색종이를 점선대로 잘라.

③ 자른 직사각형 색종이의 빗금 친 부분에 풀칠을 하고 황매화 가지에 느슨하게 말아 붙여서 색종이 대롱을 만들어.

④ 색종이 대롱 한쪽을 납작하게 누르고 3분의 1 부분까지 세 번 접어서 딱풀로 붙여.

조금 위쪽을 향해서 불어.

⑤ 삼각형 색종이 가운데에 풀칠을 하고 ④에서 만든 대롱 등쪽에 붙여.

⑥ 로켓 네 개를 똑같이 만들어.

⑦ 속심을 빼낸 황매화 가지를 로켓에 끼워.

⑧ 황매화 가지를 입에 물고 훅 불어.

누가 더 멀리 날리는지 겨뤄 봐.

겨울 대장 늘푸른나무

겨울이 되면 늘푸른나무가 잘 보여.
늘푸른나무 푸른 잎은 가지가지야.
측백나무, 편백나무는 오톨도톨 비늘잎이고,
전나무, 주목은 뾰족뾰족 바늘잎이야.
사철나무, 회양목은 넓고 두툼한 잎이야.
겨울에도 늘푸른나무는
바람 씽씽 불어도 겁나지 않아.
땅 꽁꽁 얼어도 까딱없어.
늘푸른나무랑 무얼 하며 놀까?
편백나무 열매로 팔찌 만들고
사철나무 잎으로 피리를 불지.
추운 겨울엔 늘푸른나무가 대장이야.

주목 열매는 달달해.

겨울엔 온통 늘푸른나무만 보여.

삐! 삐!

비늘잎과 바늘잎

늘푸른나무는 잎이 주로 비늘잎과 바늘잎이야.
측백나무나 편백나무는 잎이 비늘처럼 생겼고,
전나무, 주목, 개잎갈나무는 잎이 바늘처럼 생겼어.
향나무는 비늘잎과 바늘잎이 다 나.
바늘잎나무는 대부분 늘푸른나무지만
일본잎갈나무나 메타세쿼이아는
가을에 잎이 떨어져.

비늘잎나무

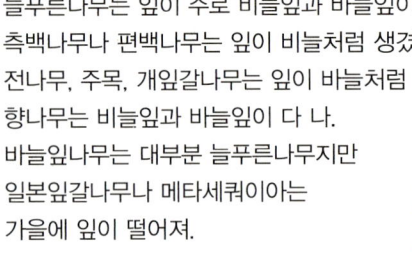

측백나무

서양측백나무
열매는 크기가
더 작아.

다 익어서
벌어졌어.

씨앗에 날개가
달렸어.

측백나무 열매는
뿔이 달렸어.

다 익어서
벌어졌어.

씨앗

화백나무

화백나무 열매는
바람 빠진
축구공처럼 생겼어.

편백나무

편백나무 열매는
바람이 꽉 찬
축구공처럼 생겼어.

측백나무, 편백나무, 화백나무 구별하기

측백나무, 편백나무, 화백나무는 비슷해서
구별하기 어렵지만 잎 뒷면 숨구멍 줄을 보고
구별할 수 있어.

측백나무
숨구멍 줄이
초록색이라서
드러나지 않아.

편백나무
흰 숨구멍 줄이
와이(Y) 자 모양,
뼈다귀 모양이야.

화백나무
흰 숨구멍 줄이
더블유(W) 자 모양,
나비 모양이야.

바늘잎나무

올해 자란 가지
지난해 자란 가지
자람 자국
두 해 전 자란 가지
씨앗
씨비늘
전나무
주목
열매
개잎갈나무
씨비늘
씨앗
터지지 않은 솔방울 윗부분

전나무 열매는 솔방울이 터지면서 떨어져. 그래서 씨앗과 씨앗을 싸고 있던 씨비늘이 낱낱이 흩어져.

낙엽이 지는 바늘잎나무

바늘잎나무는 대부분 늘푸른나무지만 잎이 지는 나무도 있어.

일본잎갈나무
메타세쿼이아
메타세쿼이아 열매
일본잎갈나무 솔방울
씨앗

바늘잎, 비늘잎이 다 나는 향나무

바늘잎
비늘잎
향나무

향나무 열매는 익으면 까맣게 돼. 익어도 벌어지지 않아.

넓은잎 늘푸른나무

사철나무, 회양목은 넓은잎으로 겨울을 나.
잎이 두껍고 단단해서 겨울 추위를 견딜 수 있어.

사철나무 열매는 껍질이 네 조각으로 갈라지면서 빨간 씨앗이 나와.

사철나무

줄사철나무는 줄기에서 공기뿌리가 나와. 다른 물체에 붙을 수 있어.

줄사철나무

회양목 열매는 세 조각으로 갈라져.

회양목

피라칸타와 남천은 겨우내 빨간 열매를 달고 있어. 새들이 열매를 먹으러 자주 날아와.

피라칸타

남천

바람이 씨앗을 퍼트리는 늘푸른나무

전나무, 개잎갈나무 씨앗에는 날개가 달려서
바람을 타고 멀리까지 날아가.

소나무 씨앗 스트로브잣나무 씨앗

전나무 씨앗 개잎갈나무 씨앗

새가 씨앗을 퍼트리는 늘푸른나무

향나무, 피라칸타 열매는 새들이 좋아해.
새가 먹은 열매 속 씨앗은 소화되지 않고 똥으로 나와.
새가 멀리 날아가는 만큼 씨앗도 멀리 퍼져.

피라칸타에 날아온 **박새**

남천에 날아온 **직박구리**

내 뱃속을 거쳐야 싹이 잘 터.

향나무에 날아온 **직박구리**

직박구리가 향나무 열매를 먹고 있어.

반만 늘푸른나무

인동덩굴은 잎이 지는 나무지만
겨울 추위가 심하지 않으면
푸른 잎을 그대로 달고
겨울을 나기도 해.
그래서 반만 늘푸른나무야.

인동덩굴

측백나무 열매 팔찌

측백나무 열매 1개

털실이나 노끈

① 털실을 반으로 접어.

② 접힌 쪽에 매듭을 지어서 작은 고리를 만들어.

③ 간격을 두고 매듭을 지어.

④ 측백나무 열매 아래쪽으로 열매를 감싸듯 실을 끼워.

밑에서 본 모습

⑤ 측백나무 열매가 꼭 끼도록 매듭을 바짝 지어.

밑에서 본 모습

⑥ 팔목 굵기에 맞는 자리를 찾아서 매듭을 세 번 지어. 굵은 매듭을 지었으면 남은 실을 잘라 내.

측백나무 열매 가운데에 남천 열매를 붙이면 더 멋있어.

⑦ 팔목에 팔찌를 두르고 굵은 매듭을 고리에 끼워.

서양측백나무 열매 반지

서양측백나무 열매 1개

털실

① 털실을 반으로 접어.

② 넉넉하게 간격을 주고 매듭을 지어.

③ 실 사이에 서양측백나무 열매 아래쪽을 끼워 넣어.

④ 열매가 꼭 끼도록 매듭을 바짝 지어.

⑤ 손가락에 두르고 묶어.

편백나무 열매 팔찌

편백나무 열매 3개   털실

진짜 멋있는걸?

① 측백나무 열매 팔찌 만드는 방법 ③까지 해.

② 실 사이에 편백나무 열매 아래쪽을 끼워 넣어.

밑에서 본 모습

메타세쿼이아 열매 팔찌

메타세쿼이아 열매나 일본잎갈나무 열매로도 팔찌를 만들 수 있어.
측백나무 열매 팔찌와 같은 방법으로 만들어.

털실이나 노끈

메타세쿼이아 열매   일본잎갈나무 열매

③ 편백나무 열매가 꼭 끼도록 매듭을 바짝 지어.

밑에서 본 모습

메타세쿼이아 열매 팔찌

④ 편백나무 열매를 두 개 더 같은 방법으로 줄줄이 꿰.

일본잎갈나무 열매 팔찌

⑤ 팔목 굵기에 맞는 자리를 찾아 매듭을 세 번 짓고 굵은 매듭을 지었으면 남은 실을 잘라 내.

⑥ 팔목에 팔찌를 두르고 굵은 매듭을 고리에 끼워.

더 많이 꿰어서 팔찌를 만들어 봐.

만드는 방법이 비슷해서 하나만 잘 만들면 나머지는 쉽게 만들 수 있어.

209

사철나무잎 바람개비

① 사철나무잎 양쪽에 구멍을 뚫어.
② 가는 나무 막대를 구멍에 끼워.
③ 나무 막대 양쪽 끝을 잡고 잎을 불면 잎이 돌아가.

사철나무잎 피리

① 사철나무 잎사귀를 반으로 꼭꼭 눌러서 접어.

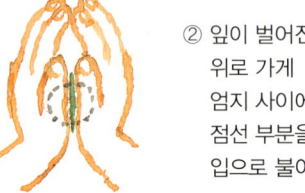

② 잎이 벌어진 곳이 위로 가게 엄지 사이에 끼우고 점선 부분을 입으로 불어.

빙글빙글 겹치는 그림

① 커다란 사철나무잎 앞면에는 물고기, 뒷면에는 어항을 그려.
② 잎에 가는 막대를 끼우고 세워서 불어. 잎사귀가 돌면서 앞뒤 그림이 겹쳐 보여.

삑! 삑!

직박구리 소리보다 더 커!

후우위!

물고기가 어항에 있어!

다른 그림을 그려서도 해 봐.

후위! 후위!

사철나무잎 소꿉놀이

① 오목하게 들어간 사철나무잎을 준비해.
② 잎에 열매를 담아.
③ 여러 열매를 담아서 밥상을 차려.

와, 잔칫상을 차렸네.

향나무 향기 맡기

향나무는 나무 전체에서 향기가 나.
향나무 열매를 따서 향기를 맡아 봐.
머리가 맑아지고 기분이 좋아져.

향나무 열매

날개 달린 씨앗 날리기

전나무나 개잎갈나무 아래는 날개 달린 씨앗이
많이 떨어져 있어. 씨앗을 모아서 높이 던지면
헬리콥터처럼 빙글빙글 돌면서 떨어져.

전나무 씨앗
개잎갈나무 씨앗

남천 열매 날리기

남천 열매를 대롱에 넣고 입으로 불어서 날려.
향나무 열매도 날려 봐.

향나무 열매 대롱 남천 열매

남천 눈 토끼 인형

열매와 잎으로 눈 인형을 꾸며.
누가 더 멋진 눈 인형을 만들까?

남천잎
남천 열매
솔잎

솔아 솔아 늘 푸른 소나무야

겨울에 갈잎나무 잎이 다 지고 나니
늘 푸른 소나무가 눈에 쏙쏙 들어와.
마을 공원 소나무와 아파트 둘레
잣나무가 더 푸르러 보여.
솔솔솔 솔 냄새 따라 솔밭에 가서 놀자.
소나무 아래 여기저기 뒹구는 솔방울이랑
수북수북 쌓인 솔가리*가
다 재밌는 놀거리야.
솔방울 던져 넣기, 솔방울 멀리 차기,
솔방울 수건돌리기, 솔방울 놀이 많기도 많다!
솔가리로 마녀 빗자루도 만들자.
소나무랑 놀다 보면 추운 줄도 모를걸.

* 솔가리 : 말라서 땅에 떨어져 쌓인 솔잎.

늘푸른나무, 소나무

겨울에도 푸르름을 잃지 않는 소나무.
뾰족뾰족 바늘잎을 단 소나무, 방울방울 솔방울을 단 소나무.
놀거리도 많고 쓰임새도 많은 소나무, 그래서 고마운 소나무.
마을에서 흔하게 만나는 소나무, 그래서 동무 같은 소나무.

끝눈
옆눈
올해 옆눈이 자란 가지
지난해 달린 솔방울
올해 달린 솔방울
지난해 옆눈이 자란 가지
올해 끝눈이 자란 가지에는 솔잎이 촘촘하게 달렸어.
지난해 끝눈이 자란 가지엔 솔잎이 반쯤 남았어.
두 해 자란 소나무 가지
두 해 전 달린 솔방울
두 해 전 끝눈이 자란 가지는 솔잎이 다 떨어졌어.

마을에서 찾은 소나무 가족

소나무
잎집에 솔잎이 두 개씩 모여나.
잎집

곰솔
소나무보다 잎이 크고 억세.

리기다소나무
솔잎이 세 개씩 모여나.

잣나무
잎집이 없어.
솔잎이 다섯 개씩 모여나.

스트로브잣나무
솔잎이 가늘어.

섬잣나무
솔잎이 짧아.

214

여러 가지 솔방울

소나무 밑에서 솔방울을 찾아봐.
잘 말라서 쫙 벌어진 솔방울,
물기를 머금어 오그라든 솔방울,
도토리만 한 솔방울, 주먹만 한 솔방울,
가시 돋친 리기다소나무 솔방울,
길쭉한 스트로브잣나무 솔방울.
솔방울 한 바구니 주워서 신나게 놀자.

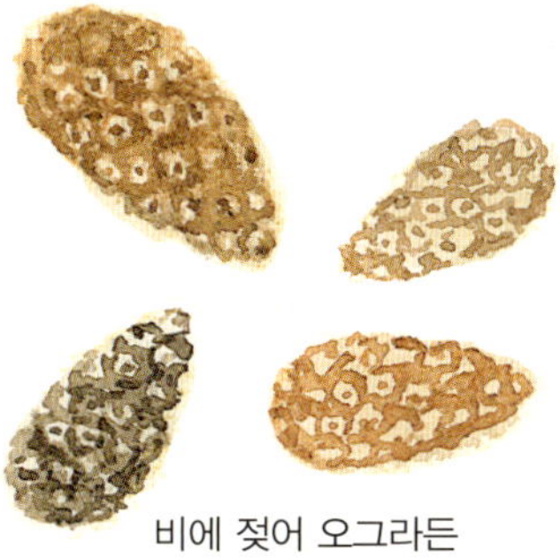

비에 젖어 오그라든
소나무 솔방울

말라서 벌어진
소나무 솔방울

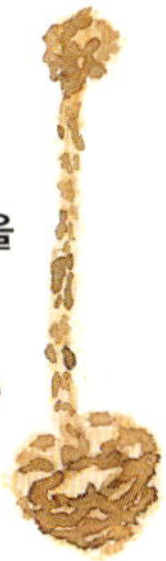

오래 묵은
소나무 솔방울

올해 여문
소나무 솔방울

전나무 솔방울

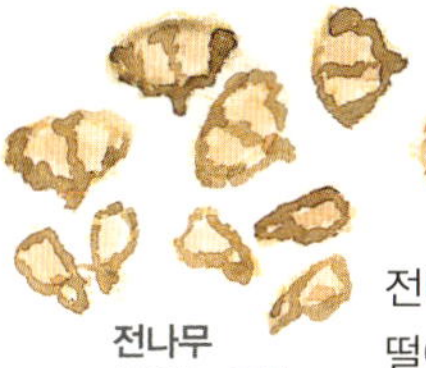

오그라든
**스트로브잣나무
솔방울**

스트로브잣나무 씨앗

말라서 벌어진
**스트로브잣나무
솔방울**

**리기다소나무
솔방울**

**독일가문비나무
솔방울**

전나무
씨비늘 조각

전나무는 솔방울째
떨어지지 않고
씨비늘 조각 한 개씩
낱개로 떨어져.

잣

잣나무 솔방울

솔씨

솔방울이 여물어 벌어지면 솔씨가 드러나.
청설모가 좋아하는 솔씨, 고소한 솔씨.
날개 달린 솔씨, 빙글빙글 잘도 도는 솔씨!

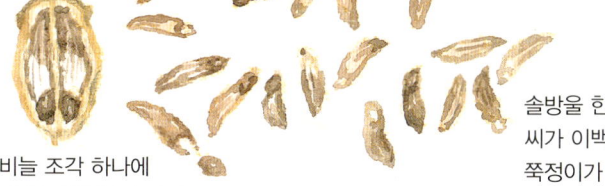

씨비늘 조각 하나에
씨가 두 개씩 붙어 자라.

솔방울 한 개에는
씨가 이백 개쯤 들어 있는데,
쭉정이가 많아.

날개를
떼고 먹어.
잣처럼
고소해

솔잎 물고기 만들기

① 솔잎 한 개를 떼어서 압핀으로 구멍을 두 개 뚫어.
② 다른 솔잎을 구멍 두 개에 꿰고, 압핀으로 구멍 한 개를 뚫어.
③ 솔잎 끝을 엇갈려서 구멍에 꿰.

솔잎 씨름

솔잎을 서로 엇갈려 걸고 당겨. 끊어진 쪽이 진 거야.

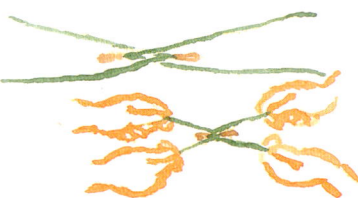

어떤 솔잎이 더 셀까?

솔잎 물고기 낚시

솔잎 물고기와 낚싯대를 만들어서 낚시해 봐. 누가 더 많이 낚는지 겨루는 거야.

솔잎 물고기

막대기
실
가는 철사

가는 철사로 낚싯바늘을 만들고 막대기에 실로 매달아서 낚싯대를 만들어.

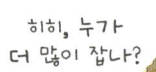

히히, 누가 더 많이 잡나?

솔가리 마녀 빗자루

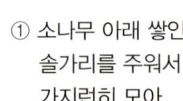

① 소나무 아래 쌓인 솔가리를 주워서 가지런히 모아.
② 나뭇가지를 솔가리 가운데 끼워 넣어.

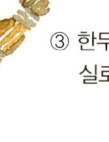

③ 한두 군데 실로 묶어.

진짜 마녀 빗자루 같아!

솔잎 목걸이 만들기
솔잎으로 만든 고리를 엮어서 목걸이를 만들어.

잎집

① 잎집 끝을 쥐고서 솔잎 한 개를 뽑아.

② 잎을 둥글게 휘어서 잎끝을 잎집에 끼워.

솔잎 고리

③ 솔잎 고리를 길게 엮어.

④ 양쪽 끝을 둥글게 엮어.

솔잎 꾸미기
솔잎 고리와 솔잎 물고기로 꾸며 봐.

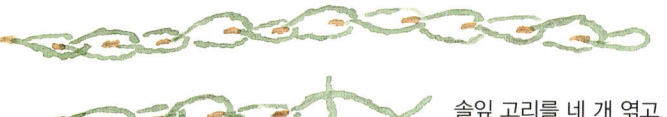

솔잎 고리를 네 개 엮고, 끝에 솔잎 물고기를 엮어.

길이가 짧으니까 머리띠를 해야지.

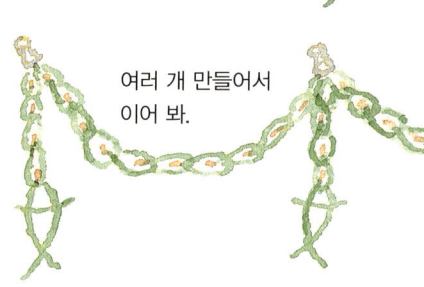

여러 개 만들어서 이어 봐.

소나무 나이 세기
소나무 종류는 끝눈이 위로
곧게 뻗으면서 굵은 줄기로 자라.
옆눈은 옆으로 돌려나며 가지로 자라.
해마다 한 층씩 자라니까
층층이 옆으로 자란 가지를 세면
소나무 나이를 알 수 있어.
크게 자라면 아래쪽 가지가 떨어져 나가.
가지가 있던 흔적을 세어서 더하고,
거기에 어린나무 때인 네 해를 더하면,
소나무 나이야.

가지 13층에 어린나무 때인 네 해를 더하면 17. 이 스트로브잣나무는 열일곱 살이야.

217

솔방울 던져 넣기
솔가리로 만든 둥지 안에 솔방울을 던져 넣어.

땅에 동그라미를 그리고 던져 넣기를 해도 돼.

들어가면 백 점, 선에 걸치면 오십 점, 들어갔다 나오면 삼십 점, 안 들어가면 빵점!

솔방울 차 넣기
출발점부터 솔방울을 잇달아 차서 동그라미 안에 넣어.
출발점에서 동그라미까지 가장 적은 횟수로 차 넣은 사람이 이겨.

출발점
잉, 난 네 번 만에 들어갔는데.
세 번 차서 들어갔다!
내가 졌다!

솔방울 주고받기
솔방울로 서로 던지고 받기를 해.
야구 글러브처럼 모자로 받으면 더 재미나.

솔방울 멀리 차기
솔방울을 누가 멀리 차는지 겨뤄 봐.

솔방울 옮기기
젓가락으로 통에 담긴 솔방울을
그릇에 옮겨 담아. 정한 시간 안에
솔방울을 많이 옮긴 쪽이 이기는 거야.

솔방울 돌리기

수건돌리기를 수건 대신 솔방울로 바꿔서 해 봐.

① 술래를 뽑고 둥글게 둘러앉아.
② 술래가 솔방울을 가지고 돌다가
   한 사람 등 뒤에 살짝 내려놓아.
③ 등 뒤에 솔방울이 있는 사람이
   솔방울을 가지고 술래를 쫓아가.
   술래가 자기 자리(쫓아가는 사람 자리)에
   앉기 전에 술래를 잡아야 해.
④ 술래가 잡히면 술래는 벌칙을 받고
   다시 술래를 해.
⑤ 술래가 먼저 자리에 앉으면
   자리를 잃은 사람이 술래가 되어서 놀아.
⑥ 등 뒤에 솔방울이 놓인 것을 모르고 있다가
   한 바퀴 돌아온 술래한테 잡히면
   그 사람은 벌칙을 받고 술래가 되어서
   다시 놀아.

솔방울 부스러기로 청설모 만들기

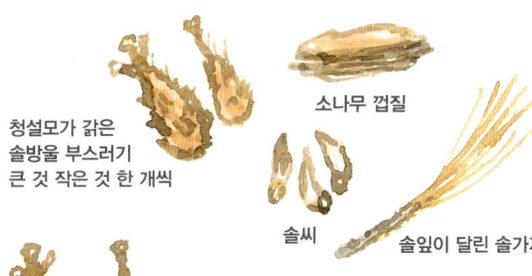

청설모가 갉은
솔방울 부스러기
큰 것 작은 것 한 개씩

소나무 껍질

솔씨

솔잎이 달린 솔가지

몸통 머리

받침대

① 솔방울 부스러기 끝을 잘라 내.

② 소나무 껍질을 다듬어서 받침대를 만들어.

③ 종이에다 눈을 그려서 오려 붙여.

솔씨 날개

솔씨

④ 글루건으로 붙여.

솔가지

청설모는 솔씨를 좋아해!
소나무 아래에는 청설모가
솔씨를 빼 먹고 남긴
솔방울 부스러기들이 많아.

솔방울 메달

가로로 매달 때처럼 털실을 묶어.

솔방울 손목시계

세로로 매달 때처럼 털실을 반만 끼워서 손목에 묶으면 솔방울 손목시계!

솔방울에 끈 묶기

가로로 매달 때
끈을 솔방울 3분의 1쯤 되는 곳에 감아서 끼우고 당겨서 묶어.

세로로 매달 때
솔방울 아래쪽 씨비늘 조각 밑으로 끈을 끼워. 반만 끼우고 당겨서 묶어.

솔방울 꽃

솔방울   포스터물감   붓   가는 철사   전지가위

① 세로로 매달 때처럼 가는 철사를 씨비늘 조각 밑으로 반만 끼워 넣어.

② 가는 철사 두 가닥을 끝까지 꼬아.

③ 포스터 물감으로 솔방울을 색칠해.

④ 솔방울 꽃을 꽃병에 꽂아.

마녀 빗자루도 색칠해 꽂아 봐.

솔방울 모빌

소나무 가지

여러 가지 솔방울

끈

① 세로로 매달 때처럼 솔방울에 끈을 묶어.

② 솔방울을 나뭇가지에 매달아.

솔방울 벽 꾸미기

여러 가지 솔방울

소나무 가지

마로 만든 끈

① 위쪽 솔방울은 마 끈에 끼워 넣어.

② 맨 아래 솔방울은 가로로 매달 때처럼 묶어.

솔방울 부엉이 모빌

화살나무 낙엽

느티나무 낙엽

포스터물감

붓

나뭇가지

종이

노끈

가위

딱풀

종이에 눈, 부리를 그려서 오려 붙여.

종이에 별과 달을 만들어 나뭇가지에 붙여.

부엉이 모빌 완성.

성탄절 꾸미기 1

① 솔방울을 세로로 매달 때처럼 마 끈으로 묶고 고리를 만들어서 다시 한 번 묶어.

② 리본과 섬잣나무 가지를 글루건으로 붙여.

성탄절 꾸미기 2

① 솔방울을 바로 펴.

② 솔방울을 글루건으로 지점토 화분에 붙이면 완성.

성탄절 꾸미기 3

① 솔방울을 포스터물감으로 칠해.

② 소나무 껍질을 깎아서 나무줄기를 만들어. 화분은 지점토로 만들어서 물감으로 칠해.

③ 솔방울을 글루건으로 붙이면 완성.

소나무 껍질 새

① 나뭇가지를 깎아서 끼워.

② 눈을 그려.

③ 나뭇가지에 끼워서 받침대에 세워.

소나무 껍질 배

넓적한 소나무 껍질

① 깎거나 갈아서 배 모양을 만들어.

소나무 껍질 오리

부리, 머리, 몸통을 따로 만들어서 목공풀로 붙여.

② 나뭇가지를 뾰족하게 깎아서 배에 찔러 넣어서 돛대를 만들어.

소나무 껍질로 모양 만들기

칼로 깎아 만들기
칼날은 몸 바깥쪽을 향해야 해. 깎을 때는 칼날을 밖으로 밀어내면서 깎아.

콘크리트에 갈아서 만들기
소나무 껍질은 콘크리트 같은 거친 바닥에 갈아서 모양을 만들 수 있어.

③ 낙엽을 돛대에 끼워서 돛을 만들어.

소나무 껍질

코르크 재질인 소나무 껍질은 단단하지 않아서 연필 깎는 칼로 연필 깎듯이 쉽게 깎을 수 있어. 콘크리트에 갈아서도 만들 수 있어.

나무껍질에 층층이 결이 나 있어. 한 층 자라는 데 한 해가 걸려. 이 소나무 껍질은 15년쯤 된 거야.

두꺼운 것은 자르기 힘들고 위험해. 만들기 좋은 크기로 자르는 것은 어른한테 부탁해.

겨울 숲에서 놀자

겨울 숲은 놀기 좋아.
무는 벌레도 없고, 뛰고 굴러도 땀이 안 나.
겨울 숲은 감춰 둔 게 많아.
나무가 자라면서 줄기에 새긴 그림과
벌레가 숨겨 둔 알집도 찾아봐.
겨울 숲은 또 무엇을 숨겼을까?
숲 바닥에 쓰러진 통나무는 어디로 이어질까?
나뭇가지 지팡이 한 개만 손에 쥐어도
숲속 대장이 되고, 숲속 마법사가 된 것 같아.
낙엽으로 공 만들고 썰매 만들어서 놀자.
놀고 또 놀아도 재미난 겨울 숲 놀이터야.

나무껍질에서 찾기

겨울엔 나무껍질로 무슨 나무인지 알 수 있어.
울퉁불퉁, 맨질맨질, 희끗희끗, 거뭇거뭇.
나무마다 껍질 생김새와 색깔이 제각각이야.
나무껍질에 숨은 그림을 찾아봐.
나무껍질에 붙은 벌레 알집과 버섯도 찾아봐.

나무껍질 트는 모양

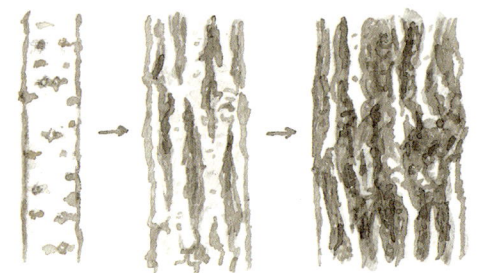
신갈나무는 자라면서 껍질이 세로로 터.

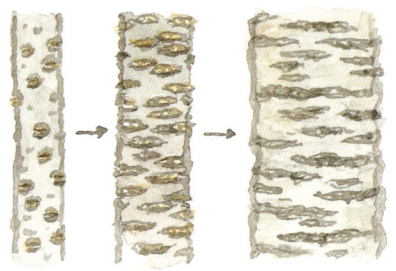
벚나무는 자라면서 껍질이 가로로 터.

여러 가지 나무껍질

소나무	굴참나무	아까시나무	물박달나무	물푸레나무	산초나무

나무껍질에 새겨진 숨은그림찾기

	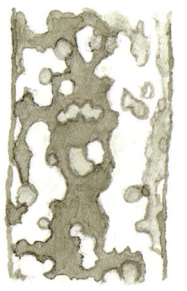			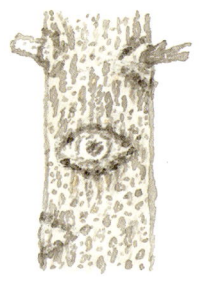
은사시나무	양버즘나무	자작나무	팥배나무	오동나무

숨구멍이 다이아몬드 같아.

껍질이 비늘처럼 떨어진 자리에 여러 가지 그림이 만들어져.

잔가지가 떨어져 나간 자리에 눈 모양 흔적이 남아.

나무껍질에서 찾은 버섯

죽은 나무에서 자란 버섯은 나무를 썩게 해서
흙으로 되돌려 줘. 바로 자연 청소부야.

치마버섯

아까시재목버섯

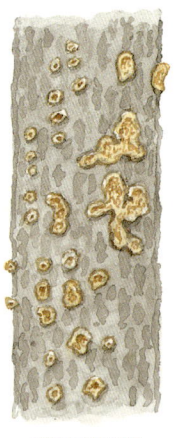
때죽도장버섯

콩버섯

목이버섯

구름버섯

나무껍질에서 찾은 지의류

지의류는 균류와 조류가 한 몸이 되어
서로 도우며 살아가는 생명체야.

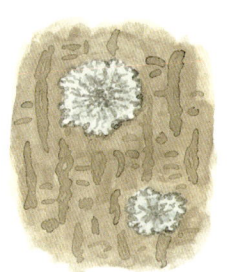

나무껍질에서 찾은 벌레 알집

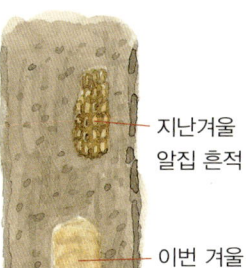
꽃매미 알집
- 지난겨울 알집 흔적
- 이번 겨울 알집

매미나방 알집

무당거미 알집

나무껍질 무늬 뜨기

나무껍질에 종이를 대고 압정을 꽂아.
색연필을 눕혀서 종이 위에 문질러.
나무껍질이 울퉁불퉁하지 않은
어린 나무가 무늬 뜨기 좋아.

둘이서 번갈아 잡아 주면서 하면 좋아.

은사시나무

느티나무

팥배나무

통나무 난타

딱따구리가 나무를 두드려서 소리를 내듯이
통나무를 두드려서 소리를 내.
단단한 나뭇가지를 두 개씩 구해서 두드려.
노래를 부르며 두드리면 더 신나겠지?

나뭇가지 지팡이 짚기

지팡이로 짚을 만한 나뭇가지를 한 개씩 구해.
둥글게 서서 지팡이를 짚어.

손뼉 치고 잡기

① 지팡이를 놓고 손뼉 한 번 치고 지팡이를 잡아.
② 지팡이를 놓고 손뼉 두 번 치고 지팡이를 잡아.
　지팡이를 놓친 사람은 빠져.

한 바퀴 돌고 잡기

지팡이를 놓고 제자리에서 한 바퀴 돌아서
지팡이를 잡아.
지팡이를 놓친 사람은 빠져.

옆 사람 지팡이 잡기

① 지팡이를 오른손으로 잡고 왼손은 뒷짐을 져.
② "하나, 둘, 셋!" 하고 외쳐. '셋' 외칠 때
　자기 지팡이를 놓고 왼쪽 사람 지팡이를 빠르게 잡아.
③ 못 잡은 사람은 빠지고 ①, ②를 되풀이해.

외나무다리 건너기

① 두 편으로 편을 가르고 통나무 양쪽 끝에 서.
② 양쪽 끝에서 한 명씩 마주 보고 걸어와.

③ 떨어지지 않고 마주쳐서 외나무다리를 건너야 해.
④ 둘 다 건너면 100점, 한 명만 건너면 10점,
　둘 다 떨어지면 0점.

다른 방법으로도 외나무다리 건너기를 해 봐.

나무 집 짓기

① 가지가 둘로 갈라진 나무에 긴 나뭇가지 두 개를 얹어.

② 긴 나뭇가지 위에 자잘한 나뭇가지를 촘촘하게 얹고 쌓아서 나무 집을 만들어.

낙엽 공 만들기

양파 망을 낙엽으로 채워서 공을 만들어.

양파 망 ① 밑을 묶고 망을 뒤집어. ② 낙엽을 꾹꾹 눌러 담아서 꽉 채워. ③ 끈을 조여 묶고 짧게 잘라.

낙엽 비닐 썰매 만들기

비닐 포대에 낙엽을 채워서 썰매를 만들어.

텃밭 둘레에서 주운 퇴비 포대

① 비닐 포대를 구해. ② 낙엽을 채워. ③ 끈으로 꽁꽁 묶어.

낙엽 공 축구

돌을 놓아 골대를 만들고 축구를 해.

진짜 공 같아!

낙엽 공 농구

나무의 갈라진 가지 사이에 나뭇가지를 끼워 골대를 만들어. 낙엽 공 던져 넣기 시합을 해.

워익

낙엽 쌓인 비탈에선 낙엽 썰매고,

마른 풀이 많은 비탈에선 풀 썰매고,

눈이 많이 내린 곳에서는 눈썰매야.

벌레들의 겨울나기

찬바람 씽씽 부는 한겨울,
벌레들은 어떻게 겨울을 날까?
겨울을 나는 벌레들을 만나러 가자.
벌레들이 남긴 흔적도 찾아보자.
집 둘레에서 벌레를 만날 수 있어.
꼭꼭 숨은 벌레들을 찾아보는 거야.
집 베란다부터 마을 공원까지 둘러봐.
나무줄기, 돌 아래, 낙엽 속을 들춰 봐.
구석구석 숨어 있는 벌레들이 보이지?

사람이 만들어 놓은 벌레집

구멍 뚫은 나무와 대나무, 짚을 채워
벌레집을 만들어 놓았어.

진흙으로 칸막이한 방마다
감탕벌 애벌레가 한 마리씩 들어 있어.

구멍 뚫린
나무를
갈라 보자.

나무 구멍에
벌레가 꽉 찼어.

끈으로 묶어서
다시 넣어 주자.

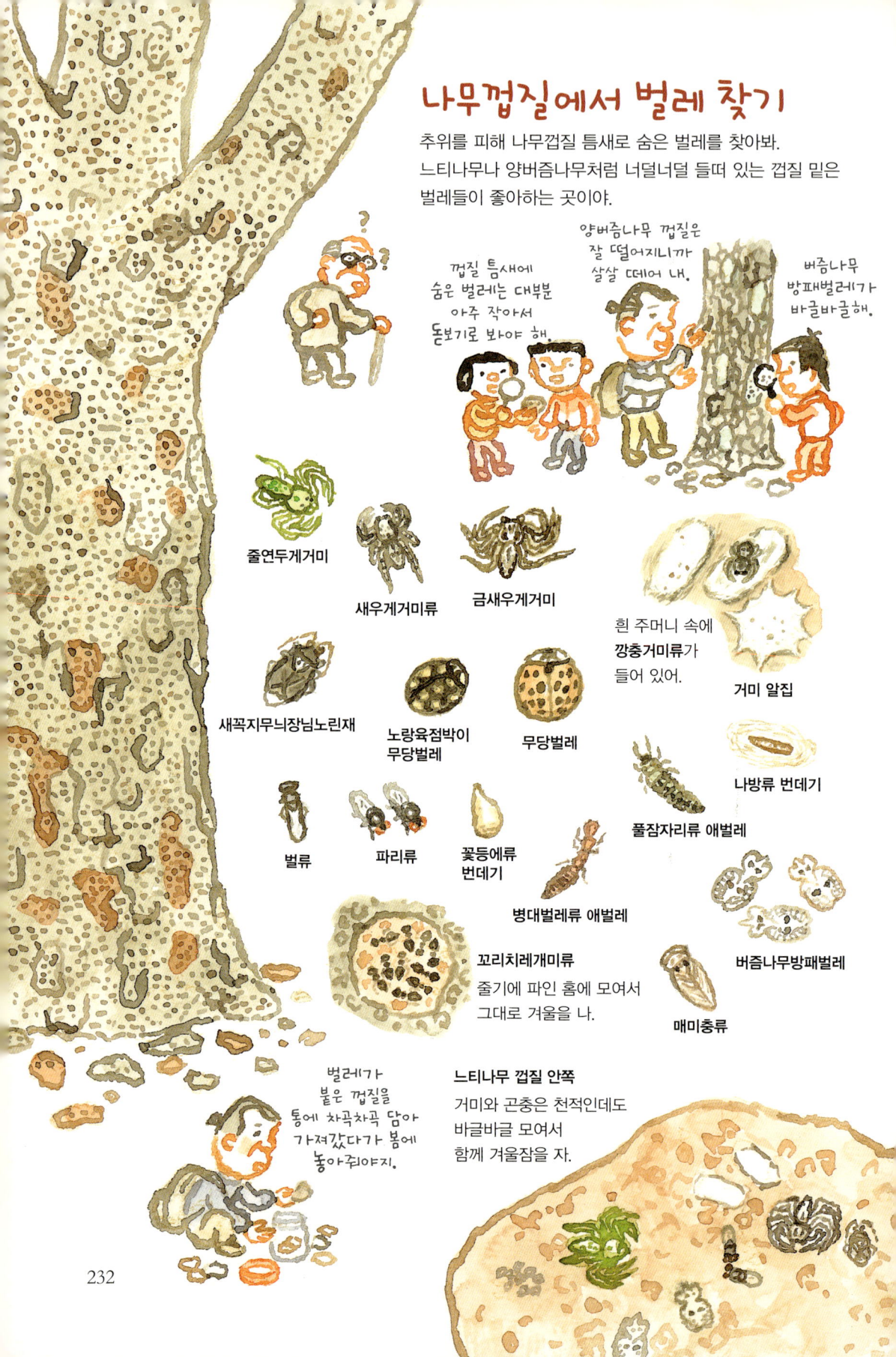

나뭇가지에서 벌레 찾기

나뭇가지에서도 겨울나는 벌레를 찾을 수 있어.
참나무, 감나무 가지가 너무 높으면,
흰말채나무, 쥐똥나무, 명자나무 가지에서 찾으면 돼.

나뭇가지에서 보물을 찾듯이 찬찬히 살펴보면 벌레가 보여.
찾았다!

꽃매미 알집
지난해 꽃매미가 알을 까고 나간 빈집이야.

거북밀깍지벌레
감나무 가지에 다닥다닥 붙었어.

사마귀 알집

나뭇가지에 진흙을 발라 놓은 거 같아.

노랑쐐기나방 고치

무늬가 여러 가지야.

나방이 위 뚜껑을 열고 빠져나간 빈 고치야.

아래 구멍은 기생벌이 뚫은 구멍이야.

벌레혹 찾기

가지와 잎에서 벌레혹을 찾아봐.
열매처럼 생긴 혹 안에 벌레가 살아.

밤나무순혹벌혹
구멍이 뚫린 혹은 혹벌이 빠져나간 빈집이야.

사철나무잎혹파리혹
부풀어 오른 잎사귀 안에서 애벌레가 자라.

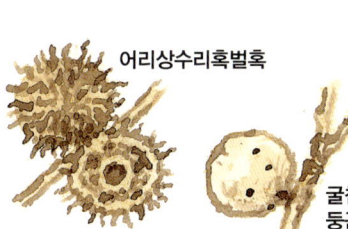

어리상수리혹벌혹
단면

굴참나무가지둥근혹벌혹

상수리나무잎구슬혹벌혹
낙엽 속에서 찾았어.

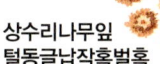

상수리나무잎털동글납작혹벌혹

상수리나무잎동글납작혹벌혹
상수리나무잎에 붙어 있다가 땅에 떨어진 거야.

두 혹벌혹에는 혹벌이 빠져나간 뒤에
개미, 딱정벌레, 거미 따위가 들어와서
겨울을 나기도 해.

벌레혹이 뭐야?

벌레가 식물 속에 알을 낳거나, 알을 까고 나온 애벌레가 식물을 갉아 먹으면

식물은 벌레를 막으려고 몸을 부풀려.

그게 벌레혹이야.

벌레는 오히려 벌레혹을 집으로 삼고 벌레혹을 갉아 먹으면서 자라.

집 안에서 벌레 찾기

집 안에서 벌레를 찾아봐.
베란다 구석엔 겨울을 나러 들어온 벌레들이 있어.
형광등 덮개엔 지난여름 불빛을 찾아서 들어온
벌레들이 죽어 있어.

베란다 벽장 속에서 찾았다!

베란다에서 찾은 벌레

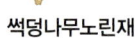
썩덩나무노린재

수컷은 집게에 돌기가 있어.
고마로브집게벌레
주로 나무 위에서 살고 알도 나뭇잎에 낳아.
겨울을 나러 아파트 베란다에 잘 들어와.

알주머니
말꼬마거미
한 해 내내 집에서 살아.

형광등 덮개에서 찾은 벌레

죽은 지 한참 뒤라 날개와 다리가 떨어지고
색이 바래서 무슨 벌레인지 알아보기가 어려워.
보통 크기가 아주 작아서 맨눈으로 보기 힘들지만,
돋보기로 잘 보면 신기한 벌레들이 많아.

풀잠자리류 기생벌류 개미류 벌류
방아벌레류 무당벌레 꽃벼룩류 거짓쌀도둑거저리 똥보기생파리 곤봉호리벌
어리쌀바구미 반날개류 노랑무당벌레 밑들이류 파리류 꽃등에류 쉬파리
꼬마남생이무당벌레 거품벌레류 매미충류
노린재류
나방류

사진을 찍어서
확대해 보니까,
맨눈으로는 보이지
않던 것이 나타나.

작은 붓에
물을 죽인 다음
벌레를
붓에 붙여서
옮겨.

벌레 탐사,
먹고 합시다!

우리가 아는 벌레보다
모르는 벌레가
훨씬 많아.

우리 방
형광등
덮개에도
많구나!

벌레 키우기 1

썩은 나무에서 찾은 벌레, 나무껍질 밑에서 찾은 벌레들을 그대로 두면 얼어 죽어. 통에 담아 봄까지 키워서 다시 놓아줘야 해.

① 통에 썩은 나무 부스러기를 넣어.

② 벌레가 들어 있는 나무토막을 통에 차곡차곡 넣어. 나무 부스러기로 나무토막 틈을 채우고 뚜껑을 꼭 닫아.

③ 통을 따뜻한 방에 두면 안 돼. 벌레들이 겨울잠에서 깨어나거든. 베란다 그늘진 곳에 두고 자주 들여다봐. 벌레들이 잠에서 깼는지, 번데기 방을 만들었는지 살펴봐.

썩은 나무토막이나 나무껍질을 넣은 통은 뚜껑을 꼭 닫고, 비닐은 꼭 묶어야 해. 작은 개미 따위가 겨울잠에서 깨어나 밖으로 나올 수 있거든.

봄에 어른벌레가 되면 벌레를 찾았던 곳에 놓아줘.

벌레 키우기 2

숲에서 딱정벌레 애벌레가 있을 만한 죽은 나무를 가져와. 베란다에 놓고 봄에 어떤 딱정벌레가 나올지 기다리는 거야.

애벌레가 파먹고 지나간 흔적

벌레가 빠져나간 흔적

① 손목 굵기만 한 썩은 나무를 20센티미터 길이로 토막토막 잘라.

② 나무 단면에 애벌레가 파먹은 흔적이 있는 나무토막을 골라서 통이나 비닐에 담아.

③ 통은 뚜껑을 꼭 닫고 비닐은 단단히 묶어서 베란다 그늘진 곳에 두고 잘 관찰해.

④ 봄에 어떤 딱정벌레가 나오는지 잘 살펴봐. 관찰 기록도 하고 딱정벌레 그림도 그려 봐. 딱정벌레는 나무를 가져온 곳에 놓아줘.

방아벌레야. 털두꺼비하늘소도 있어.

놓아주기 전에 방아벌레 방아 찧기도 해 보고, 하늘소 돌드레도 해 봐.

겨울 풀, 마른 풀, 방석 풀

서걱서걱 바스락바스락
바람에 흔들리며 마른 풀이 노래해.
찬찬히 보면 마른 풀들도 참 예뻐.
잘 보면 마른 풀대들 생김새가 다 달라.
마른 풀들 아래엔 지난가을 싹이 터 자란 풀들이
잎을 땅에 바짝 붙이고서 겨울을 나고 있어.
꽃방석 모양을 하고 겨울을 나는 방석 풀을 찾아봐.
바삭바삭 마른 풀, 납작납작 방석 풀로
재미난 겨울 풀 놀이 해야지.

억새는
마르니까
더 멋있어졌어.

달맞이꽃,
망초, 쑥,
냉이……

겨울을 나는
풀들이
정말 많아.

갈대, 억새

갈대와 억새는 겨울에 이삭이 마르면
털이 부숭부숭 일어나.
마른 줄기는 잘라서 놀기 좋아.

억새 이삭
이삭 가지가
갈라지지 않고
가지런해.

억새는
줄기 속이
차 있어.

억새잎
도드라진 잎맥은
허옇고 윤기가 나.

잎집

갈대 이삭
이삭 가지가
여러 차례 갈라져서
더 부슬부슬해.

갈대는
줄기 속이
비었어.

땅 위 이삭 줄기는
말라 죽어.

땅속 뿌리줄기는
살아서 겨울을 나.

땅속

뿌리줄기 마디에서
줄기와 뿌리가 나와.

갈대 뿌리줄기

오래된 뿌리줄기

뿌리줄기
속이 비었어.

뿌리줄기에
겨울눈이 달렸어.

억새 빗자루

씨앗이 다 떨어진
억새 이삭 줄기 4~5개

모아서 묶으면 억새 빗자루.

억새 빗자루 끝을 잘라 내면 억새 붓.

붓을 여러 개 만들어서
색깔별로 쓰니까 좋네.

글씨를 쓸까?
그림을 그릴까?

갈대 펜

① 갈대를 비스듬히 잘라.

② 끝을
뾰족하게
깎아.

③ 끝을 5밀리미터쯤
반으로 갈라.

④ 갈대 펜 완성!

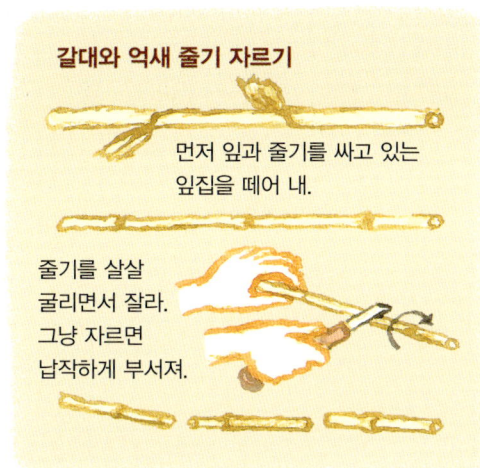

갈대와 억새 줄기 자르기

먼저 잎과 줄기를 싸고 있는 잎집을 떼어 내.

줄기를 살살 굴리면서 잘라. 그냥 자르면 납작하게 부서져.

갈대 빨대, 억새 젓가락

속이 빈 갈대로 빨대, 속이 찬 억새로 젓가락을 만들어.

갈대 빨대
갈대 줄기를 마디 없이 잘라.

억새 젓가락
굵기가 같은 억새 줄기를 두 개 잘라.

나무젓가락 대신 억새 젓가락!

플라스틱 빨대 대신 갈대 빨대!

갈대 총, 총알 만들기

지름이 1센티미터쯤 되는 갈대 줄기를 마디 없이 15센티미터 길이로 잘라서 총을 만들어.

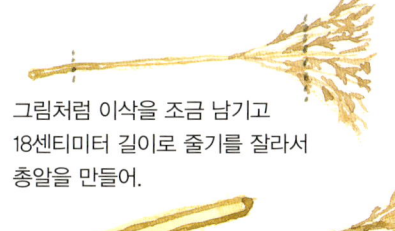

그림처럼 이삭을 조금 남기고 18센티미터 길이로 줄기를 잘라서 총알을 만들어.

갈대 총

갈대 총알
총알은 억새로 만들어도 돼.

갈대 총 쏘기

부는 곳

① 갈대 총알을 갈대 총에 끼워 넣고 앞쪽으로 조금 잡아 빼.

② 입에 물고 힘껏 불어

멀리 날리기, 표적 맞히기 시합을 해 봐.

아주 길게 잘라서 갈대 깃발을 만들어 봐. 깃발을 높이 들고 행진!

갈대 창 던지기

갈대를 창처럼 길게 잘라서 창 던지기를 해. 멀리 던지기도 하고, 투호처럼 통 안에 던져 넣기도 해.

마른 풀

겨울바람 맞고 서 있는 바삭바삭 마른 풀.
참새랑 뱁새 씨앗 먹고 쉬어 가는 마른 풀.
꺾어서 풀대에 꽂으면 마른 풀 꽃다발,
안경도 만들고 새도 만드는 마른 풀.
예쁜 마른 풀, 재미난 마른 풀.

쇠무릎혹파리 벌레혹
쇠무릎 마디가 부풀어 올랐어.

극동쑥혹파리 벌레혹
흰 솜처럼 생겼어.

극동쑥혹파리 애벌레

도깨비바늘

쇠무릎

수크령

미국가막사리

강아지풀

장구채

들깨풀

마른 풀 꽃병

마른 풀을 잘 보면 참 예뻐.
배초향, 들깨풀, 쑥 같은 풀은
말라도 좋은 냄새가 나.
잘라서 병에 꽂아 두면 멋있어.

마른 풀 꽃다발

망초, 돼지감자, 배초향, 쇠무릎 같은 풀은
풀대 속에 스티로폼처럼 무른 속심이 있어.
풀대에 마른 풀을 끼워서
풀 꽃다발을 만들어.

마른 쑥 꽃다발

누구한테 선물할까?

익모초

달맞이꽃

왕고들빼기

미국쑥부쟁이

쑥

돼지감자 풀대 속심 반지, 팔찌

돼지감자 풀대

① 돼지감자 풀대보다 조금 가는 막대를 찔러 넣어.

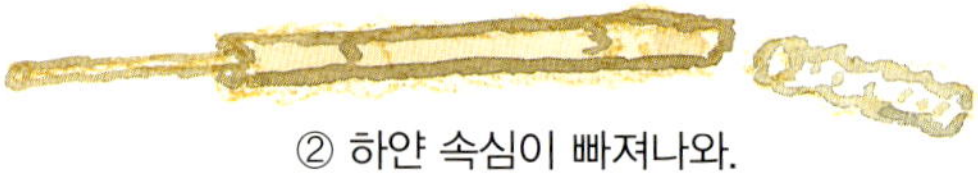

② 하얀 속심이 빠져나와.

③ 하얀 속심 양쪽 끝을 잡고 살살 늘려.

④ 글루건으로 속심을 이어 붙여서 반지랑 팔찌를 만들어.

반지

팔찌

고리를 이어 만든 팔찌

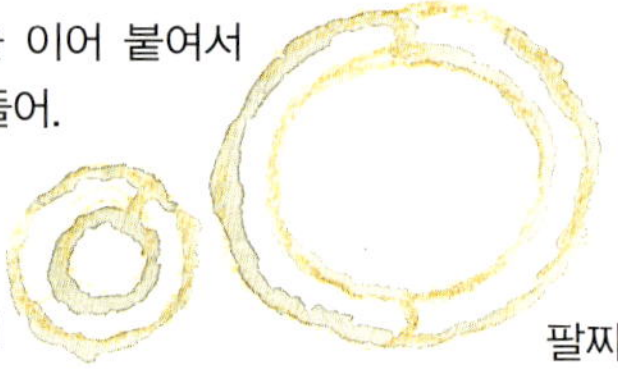

풀대 자르기
풀대를 그냥 칼로 자르면 껍질이 부서져.
갈대를 자를 때처럼 풀대를 굴리면서 잘라.

가는 풀대 끼우기

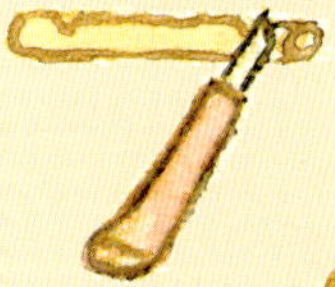

① 굵은 풀대에 가는 풀대를 끼울 때는 굵은 풀대에 브이(∨) 자로 칼집을 내.

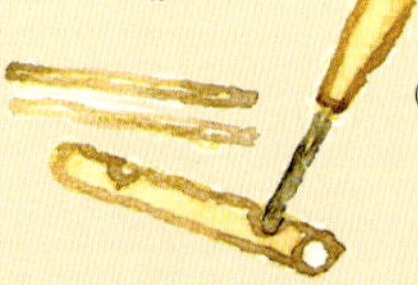

② 칼집 낸 곳을 송곳으로 뚫어.

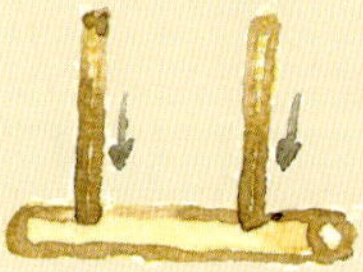

③ 구멍에 가는 풀대를 끼워.

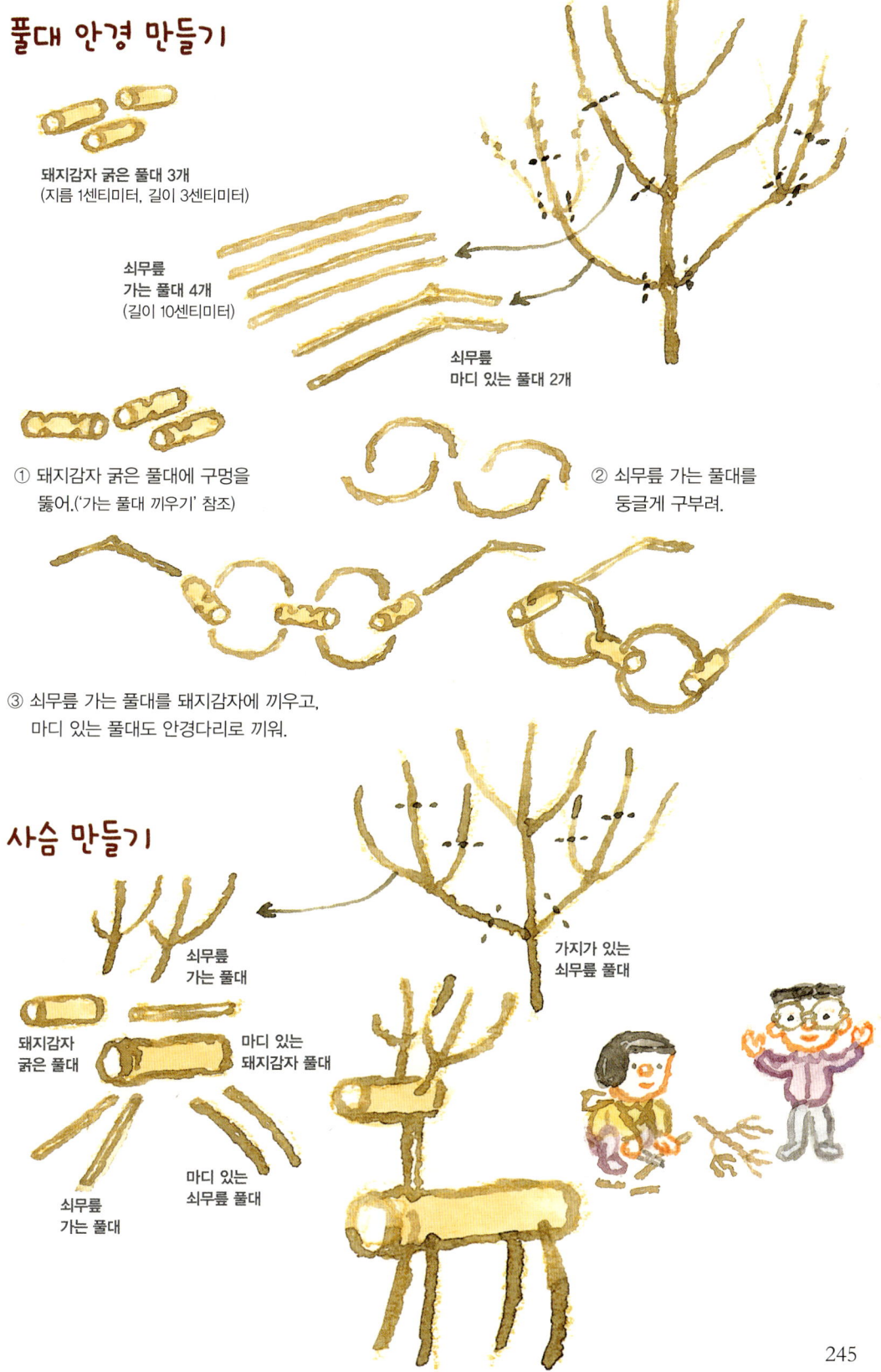

풀대 찍기

풀대는 다 같아 보여도 잘 보면 다 달라.
동그란 풀대, 네모 풀대, 다섯모 풀대, 주름진 풀대,
속이 찬 풀대, 속이 빈 풀대처럼 가지가지야.
풀대를 반듯하게 잘라 찍어 봐.

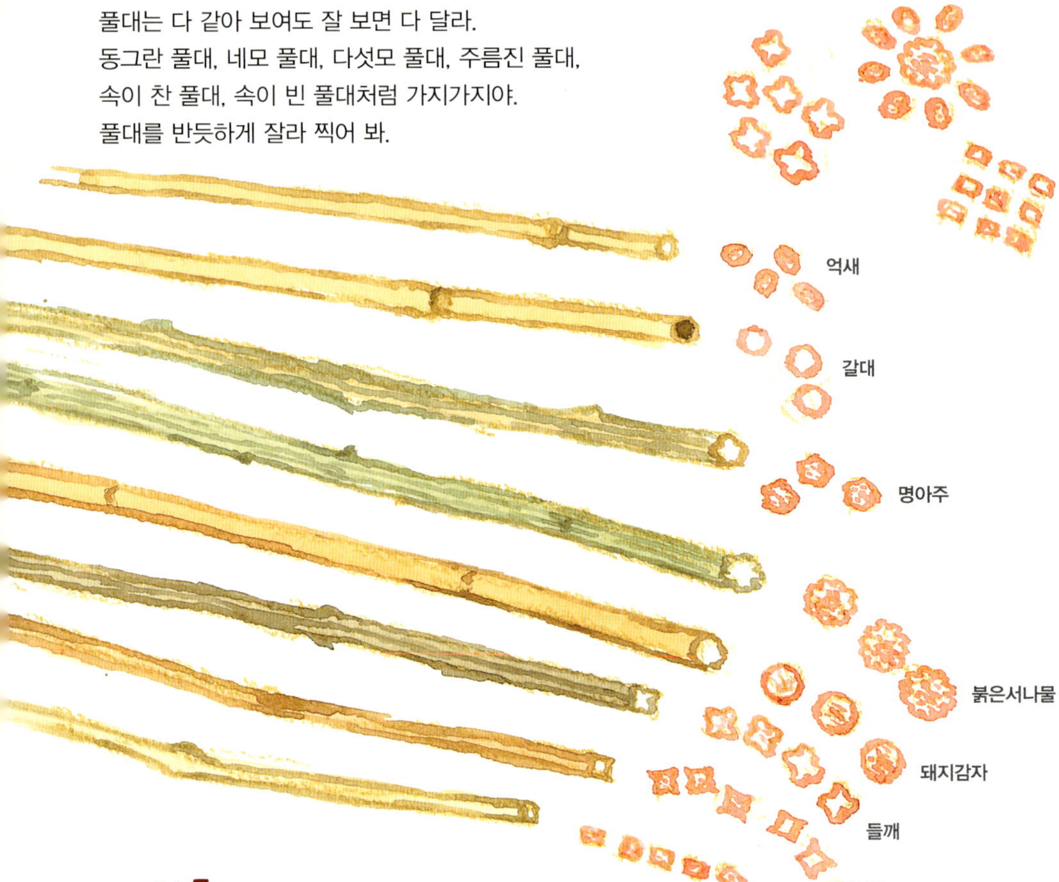

억새

갈대

명아주

붉은서나물

돼지감자

들깨

쇠무릎   배초향

새 만들기

① 풀대에 그림처럼 칼집을 내.
끝을 조금만 남겨.

② 부러지지 않게
살살 접어 올려.

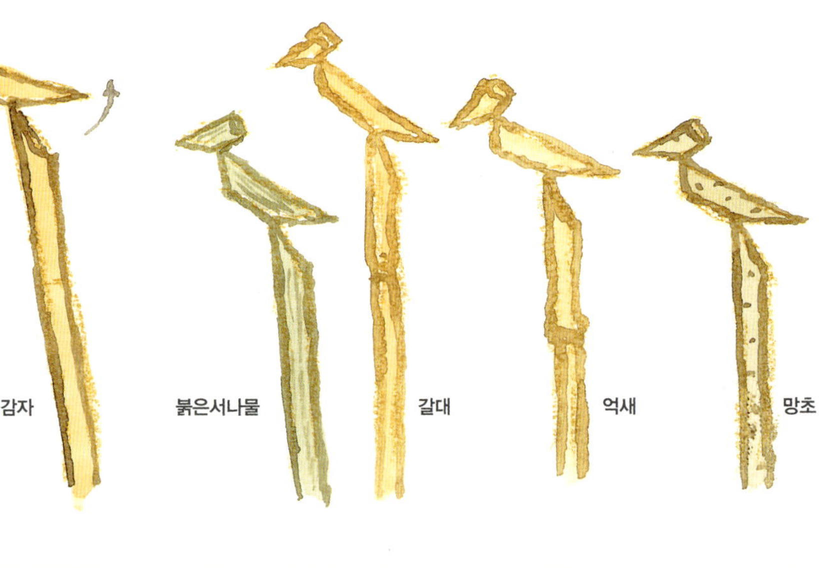

돼지감자   붉은서나물   갈대   억새   망초

방석 풀

냉이, 망초, 달맞이꽃 같은 풀은
지난가을에 이미 싹이 터서 잎이 자랐어.
이런 풀들은 잎을 땅에 붙이고 겨울을 나.
바람을 피하고 햇볕을 더 받을 수 있거든.
겨울을 나는 모습이 방석을 닮았다고 '방석 식물'이라고 해.
잎 모양이 장미를 닮아서 '로제트 식물'이라고도 하지.
길가, 빈터, 텃밭 어디에나 있지만 흙색을 띠어 잘 안 보여.
눈을 크게 뜨고 마을을 돌면서 방석 풀을 찾아 봐.

꽃다지
잎이 잔털로 덮였어.

냉이
흙색이라 잘 안 보여.

개미자리

꽃마리
잎 색깔이 불그죽죽해.

달맞이꽃

망초

봄맞이
잎이 잔털로 덮였어.

뽀리뱅이

개망초

선쓴바귀

곰보배추
(참배암차즈기)
잎이 쭈글쭈글해.

애기수영
잎이 붉어.

달맞이꽃은 꼭 장미꽃 같아.

뽀리뱅이는 정말 방석 같아.

어디? 어디?

겨울 냇가에서 놀자

냇가에 갈대와 달뿌리풀이
씽씽 겨울바람 맞고 바싹바싹 말랐어.
갈대는 갈대끼리, 달뿌리풀은 달뿌리풀끼리
따로따로 무리를 이루고 서로 겨루는 듯해.
갈대와 달뿌리풀을 길게 잘라
높이 들고 흔들어서 풀씨를 날리자.
휘휘 피리도 만들어 불자.
쌩쌩 겨울 추위에 냇가가 꽁꽁 얼었어.
얼음 언 냇가는 신나는 놀이터야.
썰매랑 막대기 들고 냇가로 가서 얼음 지치자.
얼음 지치다 보면 겨울 추위가 싹 달아나.

얼음 위에서는
뭘 하고 놀아도
재미나!

달뿌리풀, 갈대

달뿌리풀과 갈대는 똑 닮았어.
달뿌리풀은 계곡 쪽 모래 땅에서 더 잘 자라고,
갈대는 강이나 바다 쪽 진흙 땅에서 더 잘 자라.
달뿌리풀은 갈대보다 작고 이삭도 조금 엉성해.
뿌리줄기를 보면 달뿌리풀과 갈대를
쉽게 가릴 수 있어.

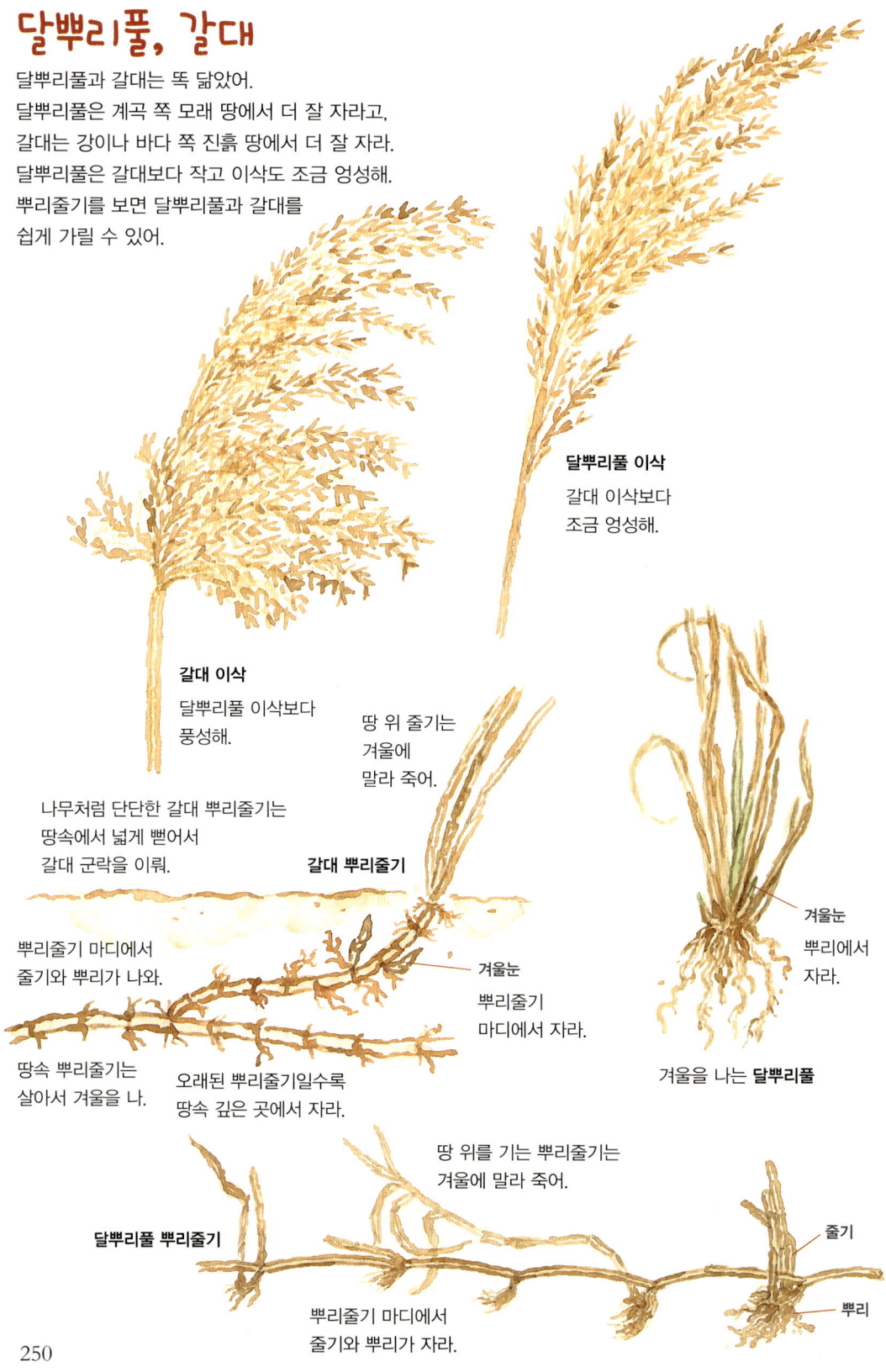

달뿌리풀 이삭
갈대 이삭보다
조금 엉성해.

갈대 이삭
달뿌리풀 이삭보다
풍성해.

땅 위 줄기는
겨울에
말라 죽어.

나무처럼 단단한 갈대 뿌리줄기는
땅속에서 넓게 뻗어서
갈대 군락을 이뤄.

갈대 뿌리줄기

뿌리줄기 마디에서
줄기와 뿌리가 나와.

겨울눈
뿌리줄기
마디에서 자라.

땅속 뿌리줄기는
살아서 겨울을 나.

오래된 뿌리줄기일수록
땅속 깊은 곳에서 자라.

겨울눈
뿌리에서
자라.

겨울을 나는 **달뿌리풀**

땅 위를 기는 뿌리줄기는
겨울에 말라 죽어.

달뿌리풀 뿌리줄기

줄기

뿌리

뿌리줄기 마디에서
줄기와 뿌리가 자라.

달뿌리풀, 갈대 놀이

마른 달뿌리풀이나 갈대가 썩으면 물이 더러워져.
그래서 새순이 돋기 전에 베어 내기도 해.
베어 내기 전에 잘라서 실컷 놀아.

달뿌리풀, 갈대 풀씨 날리기

달뿌리풀, 갈대 줄기를 길게 자르고 잎을 떼어 내.
높이 들고 흔들어서 풀씨를 날려.

달뿌리풀, 갈대 빗자루

① 풀씨를 다 날린 이삭 줄기 4~5개를 잘라서 준비해.
② 모아서 끈으로 묶어.

썰매 타기 좋게 얼음판을 쓸어야지.

달뿌리풀, 갈대 머리띠

① 골판지를 길게 자르고 무늬를 그려.

② 머리 크기에 맞게 둥글게 이어 붙여.
③ 달뿌리풀, 갈대를 잘라서 골판지에 끼워.

털모자처럼 따뜻해.

달뿌리풀, 갈대 봉

① 이삭 5~6개를 모아.

② 줄기 아래쪽 굵은 곳을 자르고 잎을 떼어 내.

③ 이삭들을 줄기 대롱 속에 꽉 차게 끼워.

달뿌리풀, 갈대 줄기 비눗방울 놀이

① 마디가 없게 줄기를 잘라.

② 가늘고 곧은 나뭇가지를 갈대 줄기에 넣어서 속껍질을 빼내

③ 잘라 낸 줄기 대롱에 비눗물을 찍어서 입으로 후우 불어.

비눗물

보글 보글

달뿌리풀, 갈대 줄기 피리

달뿌리풀, 갈대 줄기를 잘라서 피리를 만들어.

① 맨 밑에 있는 잎집을 빼내.

② 마디 조금 위쪽에 칼을 대고 줄기를 굴리면서 잎집만 살짝 잘라 밑으로 빼내.

③ 마디가 없게 줄기를 잘라.

④ 줄기를 살살 굴리면서 칼로 잘라. 그냥 자르면 줄기가 갈라져.

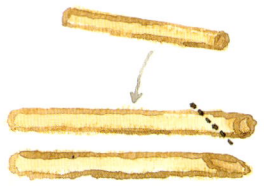

⑤ 잘라 낸 줄기 한쪽을 비스듬히 잘라.

⑥ 비스듬히 자른 위쪽에 살짝 칼집을 내.

⑦ 칼집에다 잎을 끼워.

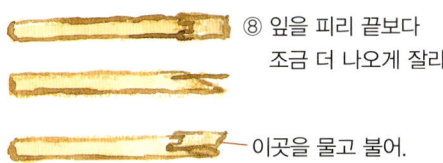

⑧ 잎을 피리 끝보다 조금 더 나오게 잘라.

이곳을 물고 불어.

달뿌리풀, 갈대 잎집 피리

줄기를 감싸고 있는 잎집으로 피리를 만들어.

새소리가 나.
찌잇 쭈잇~

① 마디 조금 위쪽을 잘라.

② 줄기를 감싸고 있는 잎집을 밑으로 빼내.

빼낸 잎집

③ 잎집 아래 구멍을 손가락으로 막고 잎집 위쪽을 입에 물고 숨을 뱉었다 들이마시기를 되풀이해.

찌잇 쭈잇~
찌잇 쭈잇~

끼워 넣은 잎이 혀에 닿지 않게 물고 불어.

뿌우
뿌우

얼음 놀이

꽁꽁 언 냇가에서는 무얼 해도 재미나.
돌멩이 축구도 술래잡기도 얼음 위에서 하면 더 신나지.

얼음판 미끄럼 타기

얼음 위를 달리다가
한 발을 내밀면서 얼음판을 지쳐.

가위바위보 해서 진 사람이
나무막대기로 끌어서
미끄럼을 태워 줘.

등 뒤에서 밀어 주며
미끄럼을 타기도 해.

얼음 축구

큰 돌멩이로 골대를 만들고 작은 돌멩이를
공처럼 차서 축구를 해. 얼음 위에서 하면
미끌미끌 더 짜릿해.

빙구

나무막대기로 돌멩이 공을 쳐서 골대에 넣는 거야.
나무막대기를 잘못 휘두르면 다칠 수 있으니까
막대기 끝을 얼음에 대고 돌멩이 공을 밀면서 해.

골대

골대

얼음 술래잡기

얼음 위에서 술래잡기해.
술래에게 잡히거나 얼음판을 벗어나면 죽는 거야.
죽은 사람이 다시 술래가 돼.

어이쿠,
미끄러워!

빨리
도망가자!

얼음 썰매 만들기

톱으로 나무판도 잘라야 하고 쇠톱으로 앵글도 잘라야 하니, 어른하고 같이 만들어.

① 긴 각목 위에 나무판을 얹고 못을 박아.

② 나무판 앞쪽에 짧은 각목을 올리고 못을 박아.

③ 앵글 한쪽을 쇠톱으로 비스듬히 잘라.

④ 각목에 앵글을 올리고 못을 박아.

썰매 완성!

꼬챙이 만들기

① 둥근 나무막대기 한쪽 끝에 드릴로 구멍을 뚫고 대못을 박아.

② 대못 머리를 쇠톱으로 비스듬히 자르고 끝을 뾰족하게 갈아.

③ 똑같이 한 개 더 만들어.

새를 찾아 마을 한 바퀴

애들아, 새 보러 가자!
어슬렁어슬렁 마을을 돌면서 새를 찾아보는 거야.
아파트 앞 감나무엔 어떤 새가 찾아올까?
산철쭉, 향나무엔 무슨 새가 깃들까?
마을 공원과 텃밭에서 볼 수 있는 새는 뭘까?
뒷산 숲에선 무슨 새를 만날까?
새를 찾아 마을을 한 바퀴 돌다 보면
많은 새들이 함께 살고 있어서 놀랄 거야!

삐-잇

삣삣삣삣

삣삣삣

삐-잇

수다쟁이 직박구리가 아침 먹으러 왔어.

감나무에 찾아온 새

아파트 앞 감나무에 배고픈 새들이 날아와서
감을 먹느라 겨우내 북적북적해.
감나무는 새들이 가장 즐겨 찾는 식당 같아.
감나무 가까이에서 가만히 기다리면
감나무 식당에 찾아오는 새들을 만날 수 있어.

참새

박새

직박구리가 없을 땐
주로 참새와 박새가
날아와서 먹어.

직박구리

직박구리가 떼로 날아와서
감나무를 독차지해.
직박구리가 없을 때
다른 새들이 와서 먹어.

쇠박새

곤줄박이

곤줄박이, 쇠박새도
더러 날아와.

오목눈이

오목눈이는
꼭 대여섯 마리씩
무리 지어 다녀.

참새랑 박새가
옆 나무에서
기다리고 있네.

새는 이른 아침에
아주 활발하게 움직여.
이때가 가장 새 보기가 좋아.
새처럼 아침 일찍 부지런을 떨어야
많은 새를 볼 수 있어.

아파트 단지에서 본 새

아파트 단지 안에도 새들이 많이 날아와.
산수유를 먹으러 직박구리, 멧비둘기, 박새가 날아왔어.
산철쭉 울타리 아래에서는 참새들을 보았어.
쓰레기통에 까마귀와 집비둘기가 날아왔다가
먹을 게 없는지 그냥 날아갔어.

겨울 깃을 부풀린 새처럼 둥글둥글해졌어.

새를 보러 갈 때는 튀지 않는 옷이 좋아.
그리고 옷을 따뜻하게 입어야
밖에서 오랫동안 새를 볼 수 있어.

직박구리

박새

참새는 가을과 겨울에 크게 무리를 지어.
쉰 마리가 넘는 참새들이 산철쭉 아래에서
먹이를 쪼아 먹다 사람이 다가가니까
모두 향나무 속으로 날아갔어.
향나무 속이 참새 소리로 시끌시끌해.

산철쭉 아래에 참새가 우글우글해.

집비둘기

아파트 옥상에 까마귀 몇 마리가 앉아 있더니,
한 마리가 쓰레기통으로 날아왔어.

까마귀

마을 공원에서 만난 새

참새와 멧비둘기가 마을 공원 새 모이대에서 사이좋게 모이를 먹어. 박새, 곤줄박이도 날아왔어. 또 무슨 새가 있을까?

상모솔새

딱새 수컷 / 암컷

새 모이대에 해바라기씨와 땅콩을 놓아두자.

멧비둘기

참새

해바라기씨는 껍질만 남기고 다 먹었고, 땅콩도 남김없이 다 먹었어. 쌀은 많이 남았어.

붉은머리오목눈이
덤불 속에서 여러 마리가 함께 풀씨를 먹고 있어. 덤불 속을 낮게 날아다니고 덤불 위쪽으로는 날아오르지 않아.

텃밭에서 만난 새

텃밭에는 까치가 마흔 마리쯤 무리 지어 부지런히 먹이를 찾고 있어.

풀씨나 땅속 벌레를 찾는 것 같아.

까치 떼가 텃밭을 떠나지 않으니까 다른 새들이 얼씬도 못 하네.

새 깃털 찾기

텃밭에서 까치 날개를 주웠어. 고양이한테 당한 것 같아. 깃털이 여기저기 흩어져 있어. 뒷산 숲에서도 멧비둘기, 딱따구리 깃털을 주웠어. 또 무슨 새 깃털이 있을까?

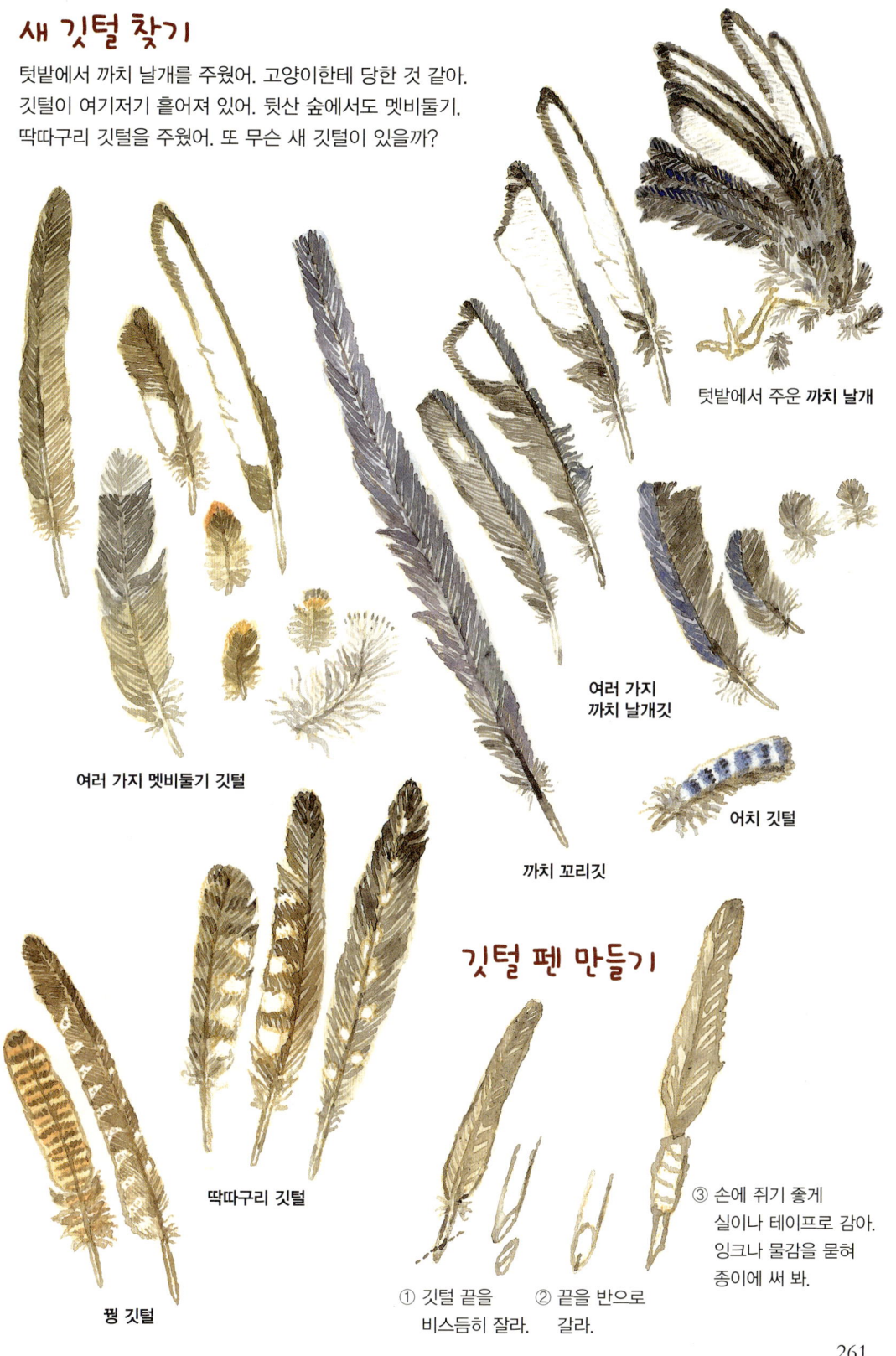

텃밭에서 주운 **까치 날개**

여러 가지 멧비둘기 깃털

여러 가지 까치 날개깃

까치 꼬리깃

어치 깃털

딱따구리 깃털

꿩 깃털

깃털 펜 만들기

① 깃털 끝을 비스듬히 잘라.

② 끝을 반으로 갈라.

③ 손에 쥐기 좋게 실이나 테이프로 감아. 잉크나 물감을 묻혀 종이에 써 봐.

새 둥지 찾기

아파트 둘레에서 붉은머리오목눈이 둥지, 직박구리 둥지, 멧비둘기 둥지를 찾았어. 까치는 높은 나무 꼭대기에 크게 둥지를 지었어. 숲에서 딱따구리 둥지도 찾았어.

어디요? 어디요?

쥐똥나무 가지에 직박구리 둥지가 있어.

- 아주 가는 풀 줄기나 마른 풀
- 가는 나뭇가지
- 솔잎
- 물티슈
- 실
- 비닐

직박구리 둥지

직박구리 둥지 겉은 비닐, 천 조각, 실 따위로 둘러싸서 밑에서 보면 비닐이나 천을 뭉쳐 놓은 것처럼 보여. 실제로는 가는 나뭇가지와 솔잎으로 촘촘하게 엮어서 만들었어. 둥지 안은 마른 풀로 푹신하게 깔았어.

- 안은 마른 풀로 엮었어.
- 밑은 나뭇잎으로 받쳤어.
- 겉은 강아지풀 같은 잎으로 엮었어.

붉은머리오목눈이 둥지

산철쭉, 화살나무, 쥐똥나무 속을 잘 살펴보면 붉은머리오목눈이 둥지 한두 개는 찾을 수 있어. 떨기나무 아래쪽은 붉은머리오목눈이가 드나들기 좋게 엉성하고 위쪽은 가지가 촘촘해서 둥지를 가리기 좋아.

아파트 입구 산철쭉에 붉은머리오목눈이 둥지가 두 개 있네. 겨울에 잎이 지니까 보이는 거야.

몇 해 전 아파트 경비 아저씨가 나무에 걸린 쓰레기를 치우겠다면서 집에 오셨어. 뒤 베란다에서 긴 막대기로 나뭇가지를 치웠더니 쓰레기가 아니라 직박구리 둥지였어.

위에서 보니까 새 둥지네.
저걸 몰랐네.
밑에서 보면 쓰레기.

멧비둘기 둥지

멧비둘기는 둥지를 높지 않은 나뭇가지에 지어.
둥지 아래를 조금 굵은 나뭇가지로 받치고 가는 나뭇가지로 얼기설기 엮었어.
둥지 안은 아까시나무 잎자루, 가는 나무뿌리 따위를 엮어서 깔았어.

딱따구리 둥지

뒷산 숲에서 두 개 찾았는데 둘다 밤나무에 만든 둥지야.

우유갑 새 모이통 만들기

겨울엔 새들이 먹을 것을 찾아서 마을로 내려와.
새 모이통을 만들어서 집이나 공원에 두면 새들이 겨울나기가
좀 쉬워지겠지? 모이통에 새들이 날아오니까 새 보기도 더 쉬워.

깨끗하게 씻어서 말린 우유갑, 나뭇가지, 칼

① 잘라 낼 곳에 자를 대고 연필로 그려.

② 연필로 그린 곳을 칼로 잘라 내고 그 아래 가운데에 십자(+) 모양 칼집을 내.

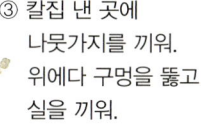

③ 칼집 낸 곳에 나뭇가지를 끼워. 위에다 구멍을 뚫고 실을 끼워.

④ 해바라기씨나 땅콩 따위를 새 모이로 넣고 나뭇가지에 매달아.

물새들의 겨울나기

아파트 사이를 흐르는 개울과 냇물에
텃새가 된 청둥오리, 흰뺨검둥오리가 살고
반가운 손님 겨울 철새도 와서 겨울을 나.
쌍안경, 새 도감 챙겨서 물새 보러 가자.
냇물에 동동동 떠 있는 물새는 춥지도 않나?
차가운 얼음물 속으로 잘도 자맥질해.
물새는 재주도 좋아. 한 발로 서서 잠을 자.
우리도 물새처럼 한 발로 서 보자.
물새야, 물새야, 우리 마을에서 겨울 잘 나렴.

동동동 떠다니는 물오리들아!

얼음 어는 강물이 춥지도 않니?

눈치챘나 봐. 다 가 버렸어.

멀리서 쌍안경으로 보면 돼.

새 보러 갈 때 준비물

쌍안경과 새 도감을 챙겨 가면
더 재미있게 볼 수 있어.
새 본 것을 기록해 두면
좋은 자료가 되고
새를 더 잘 알게 돼.

쌍안경

관찰기록장

연필

새 도감

쌍안경 보는 법

① 쌍안경 폭을 두 눈에 맞게 조절해.
② 왼쪽 눈으로 보면서
   초점 조절 장치를 움직여 초점을 맞춰.
③ 오른쪽 눈으로 보면서
   시도 조절 장치를 움직여 초점을 맞춰.
④ 두 눈으로 봐서 잘 보이면 잘 맞춘 거야.

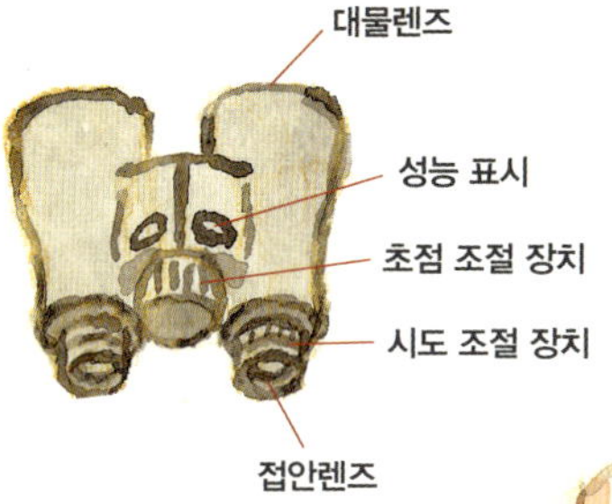

대물렌즈
성능 표시
초점 조절 장치
시도 조절 장치
접안렌즈

쌍안경을
사진기 삼발이에
연결해서 봐.

쌍안경
삼발이 연결 장치

마을에서 본 물새

물이 얕고 폭이 좁은 개울에는
청둥오리와 흰뺨검둥오리가 많고,
물이 깊고 폭이 넓은 냇물에는 쇠오리, 넓적부리,
고방오리, 원앙이 많아.

청둥오리
겨울 철새 가운데
가장 흔한 새야.
텃새로 눌러살기도 해.

흰뺨검둥오리
마을에서 일 년 내내
흔히 볼 수 있는 텃새야.
사람이 가까이 가도 무서워하지 않아.

수컷 뺨이
더 밝고
꼬리털 깃은
더 검어.

흰뺨검둥오리는 개울가에서 겨울을 나는
쑥, 별꽃 따위를 뜯어 먹어.

쇠오리
몸집이 작은 오리야.
냇물에 무리 지어
떠다니며 먹이를 찾아.

원앙
보통 텃새인데 일부가 철새야.
나무 구멍 속에 알을 낳아.

고방오리
겨울 철새야. 목이 길고
꼬리도 길고 뾰족해.

머리를 박고
먹이를 찾는
고방오리 수컷

알락오리
겨울 철새야.

넓적부리
겨울 철새야.
이름처럼 부리가 넓적해.
부리 끝을 물의 겉면에 대고
앞으로 가면서
플랑크톤을 걸러 먹어.

마을에서 본 잠수성 오리

물이 깊고 넓은 곳에서 볼 수 있어.
강 쪽으로 내려갈수록 더 많아.

흰죽지, 댕기흰죽지,
검은머리흰죽지는
모두 흔한 겨울 철새야.
함께 크게 무리를 지어서
겨울을 나.

위로 솟구쳤다
잠수하는 흰죽지

비오리
겨울 철새지만 텃새로 눌러살기도 해.
부리가 넓적하지 않고 뾰족해서
물속에서 물고기 잡기가 좋아.

수면성 오리와 잠수성 오리 견주기

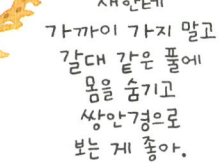

새한테
가까이 가지 말고
갈대 같은 풀에
몸을 숨기고
쌍안경으로
보는 게 좋아.

수면성 오리는
제자리에서
바로 날아올라.

수면성 오리는
다리가 몸 중간에 있어.

잠수성 오리는 잠수하기 좋게
날개가 작고 뾰족해.
날아오를 때는 물 위를 뛰면서
날아올라.

비오리
잠수성 오리는
잠수하기 좋게
다리가 몸 뒤쪽에
치우쳐 있어.

마을에서 본 수면성 오리

잠수 잘하는 논병아리, 물닭이 오리들하고 있고,
민물가마우지가 바위에서 날개를 활짝 펴고 깃을 말려.
재갈매기가 강을 따라 거슬러 올라왔어.
여름 철새 쇠백로, 중대백로, 왜가리도 흔히 보여.

힘, 내가 잠수왕이야!

논병아리
겨울 철새였는데 텃새가 되었어.
몸집은 작지만 잠수를 참 잘해.

물닭
겨울 철새인데 일부는 텃새가 되었어.
겨울엔 크게 무리를 이루는데
오리들하고 같이 섞여서 겨울을 나.

민물가마우지
겨울 철새에서
텃새로 바뀌었어.
무리를 지어 살고,
잠수를 아주 잘해.
주로 물고기를 잡아먹어.

재갈매기는 강 하구나 항구 어장 가까이에서
큰 무리를 지어 겨울을 나.
강과 냇물을 거슬러 올라오기도 해.

재갈매기
재갈매기는 물고기를 사냥해서 먹기도 하지만
다른 물새가 잡은 것을 빼앗아 먹기도 하고,
죽은 동물이나 음식물 쓰레기도 먹어 치우는
청소부이기도 해.

다 같아 보였는데
잘 보니까
다 다른 물새야.

쇠백로
겨울엔 뒷머리에 있던
두 가닥 긴 댕기 깃이 없어져.

중대백로
여름엔 까맣던 부리가
겨울엔 노랗게 바뀌어.
목과 다리가 굉장히 길어.
쇠백로 따위가 잡은
물고기를 빼앗아 먹기도 해.

왜가리
겨울이 되면 부리와
다리의 붉은색이 사라져.
몇 시간을 꼼짝 않고
사냥감을 기다려.
기다림의 고수야.

노란 발을 물속에 담그고
부르르 떨면 놀라서 달아나는
물속 벌레나 물고기를 부리로 낚아채.

새 깃털은 왜 물에 젖지 않을까?

새들은 꽁지 쪽에 기름샘이 있어.
부리로 기름샘의 기름을 묻혀서 깃털을 다듬어.
물과 섞이지 않는 기름을 바른 덕분에 깃털이
물에 젖지 않아. 그래서 따뜻하게 겨울을 날 수 있고,
물 위에 동동 뜰 수 있어.

꼼꼼하게 기름을 발라 줘야 해.

민물가마우지는 왜 날개를 펼치고 있을까?

민물가마우지는 잠수하고 나서 꼭 날개를 펴고 온몸을 말려.
기름샘이 없어서 깃털에 기름을 바르지 않으니까
잠수는 오래 할 수 있지만 깃털이 흠뻑 젖어.
깃털이 젖으면 날기 힘들고 추워서
겨울을 나기가 어려워.

물새는 왜 한 발로 서서 잠을 잘까?

몸속 열을 조금이라도 아끼려고 한 발로 자는 거야.
한쪽 발하고 머리를 깃털에 폭 파묻고서 열이 새는 것을 막아.
추운 겨울을 나야 하는 물새들의 전략이지.

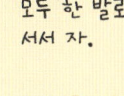

모두 한 발로 서서 자.

와, 넘어지지 않는 게 신기하다.

물새들은 왜 동상에 안 걸리는 걸까?

몸과 다리 사이에 피를 식히거나 데우는 장치가 있어.
피가 다리로 갈 때는 식혀서 가고, 다리에서 몸으로
갈 때는 데워서 들어가. 발 온도는 몸통 온도보다
훨씬 낮기 때문에 동상에 걸리지 않아.

잠수를 가장 잘하는 물새를 찾아라

잠수를 잘하는 흰죽지,
비오리, 흰뺨오리, 논병아리,
물닭, 민물가마우지가 물속으로 쏙!
들어가면 숫자를 하나, 둘, 셋……
세어서 누가 가장 오래 잠수하는 물새를
찾았는지 가리는 거야.

물새처럼 한 발로 오래 서기

우리도 물새처럼 한 발로 서 보자.
누가 한 발로 더 오래 서 있니?

눈을 감고 한 발로 서기

그냥 한 발로 서 있는 게 쉬우면
눈을 감고 한 발로 서기를 해 봐.
발뒤꿈치 떼고 한 발로 서기,
돌멩이 위에서 한 발로 서기도 해 봐.

한 발로 뛰기

한 발로 뛰어서 정한 곳까지
누가 빨리 가는지 겨루는 거야.

물에 동동 뜨는 스티로폼 물새

스티로폼 그릇

① 스티로폼 그릇에 오리를 그려.

② 칼로 오려.

③ 유성펜으로 색칠해. 뒷면도 똑같이 칠해.

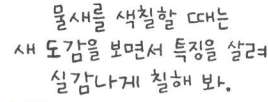
물새를 색칠할 때는 새 도감을 보면서 특징을 살려 실감나게 칠해 봐.

④ 못을 오리 배 밑에다 꽂아.

⑤ 대야에 물을 받아서 스티로폼 오리를 띄워.

놀고 난 뒤에는 못을 뽑고 스티로폼 오리를 골판지에 붙이면 멋진 오리 벽걸이가 돼.

멋진 벽그림이야.

부리로 서는 갈매기 만들기

날개를 펼친 갈매기가 내 손에 와서 앉는다면 정말 멋지겠지. 손가락이나 연필 끝에 부리로 서는 갈매기를 만들어 봐.

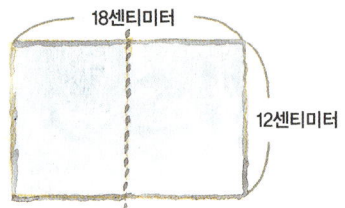
① 두꺼운 종이를 반으로 접어.

② 자를 대고 연필로 눈금을 그어.

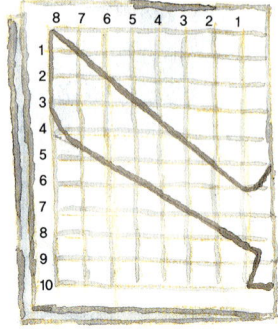
③ 새 모양을 눈금에 맞춰 그려.

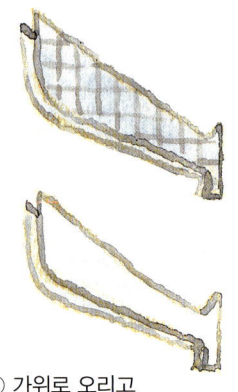
④ 가위로 오리고 연필 선을 지우개로 지워.

⑤ 펼쳐서 양쪽 날개 끝을 둥글게 말아 올려.

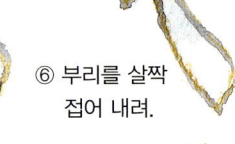
⑥ 부리를 살짝 접어 내려.

⑦ 손가락 끝에 세워.

다 쓴 건전지나 작은 통 위에 살짝 올려서 책상에 둬.

소나무 껍질 솟대 만들기

소나무 껍질

① 소나무 껍질을 작게 토막 내.

② 칼로 깎거나 콘크리트 바닥에 문질러서 부리, 머리, 몸통 모양을 만들어.

③ 붙일 곳에 홈을 파.

④ 목공풀이나 글루건으로 붙여.

⑤ 같은 방법으로 두 개 더 만들어.

⑥ 나뭇가지 양쪽 끝을 뾰족하게 깎아서 소나무 껍질 받침대와 새 사이에 끼워.

훨훨 날아라! 물새 흔들개비

물새 흔들개비를 만들어서 창가에 달아 두면
새들이 훨훨 날아오는 것 같을 거야.

① 두꺼운 종이를 반으로 접어.

② 물새를 그려.

③ 가위로 오려.

④ 펼쳐서 앞뒤로 색칠해.

⑤ 송곳으로 구멍을 뚫어.

⑥ 구멍에 실을 꿰어. 빗금 친 곳에 풀칠하고 반으로 접어서 붙여.

⑦ 날개를 점선대로 접어서 펼치고 배 밑으로 나온 실에 매듭을 지어.

⑧ 철사로 고리를 만들고 코르크 마개에 끼워서 추를 만들어.

⑨ 배 아래쪽 실 끝에 추를 매달아.

새를 여러 마리 만들어서 나뭇가지에 균형을 맞춰 매달아.

계절로 찾아보기

봄 마을 봄 놀이터

봄 꽃나무 알아보기
감꽃 64
개나리꽃 45
고욤나무꽃 64
꼬리처럼 생긴 꽃 49
매화, 살구꽃, 벚꽃 48
목련 53
봄에 꽃피는 나무 55
산수유, 생강나무 47
아까시나무 60
오동나무꽃 63
조팝나무꽃과 단풍나무꽃 54
진달래, 철쭉, 산철쭉 50
찔레꽃 63
회양목 46

봄 벌레 알아보기
땅속 벌레 78
여러 가지 무당벌레 77
진달래꽃에 찾아온 벌레 51
텃밭 둘레에서 만난 벌레 79
텃밭에서 찾은 벌레 76

봄나물, 봄풀 알아보기
갈퀴덩굴 16
개불알풀 15
고들빼기, 선씀바귀 구별하기 72
광대나물 40
냉이 16, 24, 25
별꽃 14

서양민들레 74, 75
쇠뜨기 18
십자화과 풀들 열매와 씨앗 73
애기똥풀 28
여러 가지 봄 풀꽃들 42
여러 가지 봄나물 잎사귀 29
제비꽃 36, 37
토끼풀 58

봄 꽃나무 놀이
감꽃 목걸이 65
감꽃 토끼풀 팔찌, 목걸이 65
다섯 갈래 수수꽃다리 찾기 54
백목련 꽃잎 그림 53
아까시 가시 놀이 62
아까시 잎자루 씨름 62
아까시 파마 62
아까시꽃 따 먹기 60
아까시꽃 튀김 60
아까시잎 따기 61
아까시잎 불어서 떼기 61
아까시잎 폭탄 61
오동나무꽃 꽃다발 63
진달래 꽃전 만들기 52
찔레순 먹기 63

봄나물, 봄풀 놀이
갈퀴덩굴 글자 쓰기 17
갈퀴덩굴 꾸미기 17
갈퀴덩굴 머리띠 17
광대나물 꽃꿀 빨기 41
광대나물 꽃차 41
괭이밥잎 맛보기 72
냉이잎 액자 만들기 25

네 잎 토끼풀 찾기 57
뚝새풀 고춧가루 43
뚝새풀 피리 43
뱀딸기 맛보기 72
뱀딸기 반지 72
봄나물 요리하기 31
봄나물 찾기 21~29
봄나물 하기 30
봄나물 화분 만들기 32, 33
뿌리뱅이 피리 43
서양민들레 꽃대 피리 74
서양민들레 꽃시계 74
서양민들레 씨 날리기 74
쇠뜨기 가지 글자 쓰기 19
쇠뜨기 길게 끼워 맞추기 19
쇠뜨기 끊긴 마디 알아맞히기 19
쇠뜨기 끼워 맞추기 19
애기똥풀 손톱 꾸미기 72
제비꽃 반지 38
제비꽃 팔찌, 귀걸이 39
제비꽃 소꿉놀이 39
제비꽃 씨름 38
제비꽃 열매 쌀보리 놀이 39
토끼풀 꽃머리띠 59
토끼풀 꽃목걸이 59
토끼풀 꽃반지 59
토끼풀 꽃팔찌 59
토끼풀 안경 59
토끼풀꽃 머리 땋기 58
풀꽃 얼굴 꾸미기 42
풀꽃 전시회 13
풀꽃 찾기 35
황새냉이 씨앗 날리기 73

텃밭 놀이
감자 가꾸기 69
감자 심기 69
고구마 순 심기 71
방울토마토 가꾸기 71
방울토마토 모종 심기 71
밭갈이 67
상추씨 뿌리기 68
여러 가지 채소 모종 70
텃밭 가꾸기 68

여름 꽃, 여름 풀 알아보기
강아지풀 134
개망초 94
깨꽃 99
능소화 97
바랭이 136
봉숭아 99
분꽃 98
접시꽃 96

여름 나무 알아보기
땀 흘리는 잎사귀 101
신갈나무와 갈참나무 구별하기 103
여러 가지 나뭇잎 106
참나무 102
칡 104

여름 벌레 알아보기
개망초에 찾아온 곤충 95
개울가에서 본 곤충 121
개울가에서 찾은 물속 벌레 흔적 120
개울에 사는 벌레 114
꽃에 모이는 곤충 128, 129
나무에서 찾은 벌레 108~111
누가 자른 걸까? 103
등불에 모이는 곤충 126, 127
물구나무서는 잠자리 130
벌레 흔적을 찾아라 110
잠자리 130, 131
잠자리 놓아주기 131
잠자리 암컷과 수컷 구별하기 131
잠자리가 아닌 잠자리 131
잠자리의 짝짓기 130
풀밭 곤충 139
피서 가는 잠자리 130
혹벌 벌레혹 103

여름 열매 알아보기
백목련 풋열매 90
버찌, 오디 86
산딸기 84
앵두, 뜰보리수, 살구 88
줄딸기, 멍석딸기 85
풋감 91

개울 탐험 놀이
갈댓잎 돛단배 123
갈댓잎 물레방아 123
개울에서 잡은 민물고기 119
개울에서 잡은 올챙이와 도롱뇽 118
꺽지 잡기 119

돌멩이 그림 121
물속 벌레 잡기 113
벌레가 남긴 허물과 빈집 찾기 120
올챙이 기르기 118
잠자리 애벌레 기르기 117
환삼덩굴잎 붙이기 122

여름 꽃, 여름 풀 놀이
강아지풀 간지럼 놀이 133
강아지풀 애벌레 놀이 134
강아지풀 잼잼 134
강아지풀 토끼 135
개망초 꽃귀걸이 95
개망초 꽃머리띠 95
개망초 꽃반지 94
개망초 팔찌 94
깨꽃 꿀 빨아 먹기 99
깨꽃 목걸이 99
꽃잎 불어서 떼기 96
능소화 꽃 그림 97
능소화 꽃목걸이 97
능소화 꽃바구니 97
능소화 꽃탑 쌓기 97
바랭이 개구리 올가미 138
바랭이 빗자루 138
바랭이 선녀 부채 138
바랭이 우산 138
바랭이 조리 137
봉숭아 손톱 물들이기 99
분꽃 귀걸이 98
분꽃 낙하산 98
분꽃 목걸이 98
분꽃 씨방 받기 98
왕바랭이 풀 씨름 138

275

계절로 찾아보기

접시꽃 꽃잎 꾸미기 96

여름 나무 놀이
나뭇잎 무늬 뜨기 105
떡갈나무 산도깨비 가면 102
칡 잎자루 왕관 105
칡잎 꽃바구니 105
칡잎 무늬 새기기 104

여름 벌레 놀이
벼메뚜기 볶음 139
벼메뚜기 잡기 139
왕잠자리 수컷으로 잠자리
　낚시하기 131
왕잠자리 암컷으로 잠자리
　낚시하기 131
하늘소 돌드레 108

여름 열매 놀이
백목련 풋열매 목걸이, 팔찌 90
버찌 나뭇잎 바구니 86
버찌 손톱 꾸미기 87
버찌 주스 만들기 89
버찌, 오디 물감 87
버찌, 오디 얼굴 꾸미기 87
버찌씨 총알 87
산딸기 나뭇잎 바구니 84
산딸기 손가락 인형 85
산딸기 잼 만들기 85
살구씨 피리 88
앵두 주스 만들기 89
앵두씨 멀리 뱉기 88
오디 꼬치 86
오디 잼 만들기 89

풋감 목걸이 91
풋감 팽이 91
풋열매로 그리기 91

가을 들꽃, 가을 풀 알아보기
가을 들꽃에 찾아온 곤충 157
달개비 149
들국화 152, 153
방동사니 148
쇠비름 149
여뀌 무리 154
이 꽃도 들국화일까? 153
코스모스 156

가을 열매 알아보기
가시 달린 열매 166
끈끈이 열매 167
날개 달린 열매 165
도토리 180
도토리깍정이 182
모감주나무 열매 164
목련 열매 162
박주가리 열매 164
밤 186, 187
씨앗을 튕기는 열매 167
아까시나무 열매 162
칠엽수 열매 163

가을 들꽃, 가을 풀 놀이
가을 들꽃 소꿉놀이 155

강아지풀 놀이 149
개여뀌 꽃다발 155
개여뀌 머리띠 155
달개비 열매 보리밥 149
달개비꽃 손톱 물들이기 149
도깨비바늘 꽃잎 찾기 153
들국화 꽃점 152
들국화꽃 머리띠 152
망초 꽃다발 151
방동사니 동무 사이 148
방동사니 불꽃놀이 148
쇠비름 뿌리 놀이 149
코스모스 꽃잎 따기 놀이 156
코스모스 꽃잎 사진 꾸미기 156
코스모스 날리기 156

가을 열매 놀이
가을 열매 맛보기 161
가을 열매 모으기 160
끈끈이 열매 놀이 167
날개 달린 열매 날리기 164
도꼬마리 열매 붙이기 166
모감주나무 씨앗 총알 164
모감주나무 열매 배 164
목련 열매 실 뽑기 162
박주가리 씨앗 날리기 164
박주가리 열매 먹기 164
쇠무릎 열매 바느질 166
씨앗 튕기기 놀이 167
아까시나무 열매 날리기 162
아까시나무 열매 놀이 162
짚신나물 열매 꾸미기 166
칠엽수 열매 구슬 놀이 163
칠엽수 열매 소꿉놀이 163

가을 텃밭 놀이

가을 텃밭 가꾸기 144
고구마 잎자루 껍질 수염 147
고구마 잎자루 목걸이 147
고구마 잎자루 팔찌 147
고구마잎 메달 147
무씨 뿌리기 144
배추 모종 심기 144
옥수수 껍질 왕관 146
옥수수 껍질 인형 146
옥수수 껍질에 그리기 146
흙 그림 그리기 145
흙 케이크 만들기 145

낙엽 놀이

낙엽 꼬치 172
낙엽 뒤집기 놀이 177
낙엽 목걸이 172
낙엽 무지개 벽지 173
낙엽 벽 그림 175
낙엽에 그림 그리기 177
낙엽으로 그림 그리기 176
느티나무 낙엽 여우 175
벚나무 낙엽 꽃 173
벚나무 낙엽 부엉이 174
벚나무 낙엽 토끼 175
색색깔 낙엽 벽장식 173
여러 가지 낙엽 모으기 170
은행나무 낙엽 사슴 174
은행나무 낙엽 여우 174
중국단풍 부엉이 174
향기 나는 계수나무 낙엽 꽃 172

도토리, 도토리깍정이 놀이

굴러라, 도토리야! 179
깍정이 고리 185
깍정이 목걸이 184
깍정이 소꿉놀이 185
깍정이 손가락 인형 183
깍정이 인형 183
깍정이 탑 높이 쌓기 183
깍정이 탑 돌아가며 쌓기 183
깍정이 팽이 182
깍정이 피리 184
도토리 열쇠고리 181
도토리 옮기기 188
도토리 팽이 만들기 181
춤추는 허수아비 181

알밤 놀이

밤 쭉정이 도깨비 189
밤 쭉정이 물레방아 188
밤 쭉정이 숟가락 187
밤 쭉정이 장승 189
밤 쭉정이 탑 쌓기 187
알밤 인형 만들기 186

겨울 마을 놀이터

겨울 풀 알아보기

갈대, 억새 240
달뿌리풀, 갈대 250
마른 풀 242
방석 풀 247

겨울나무 알아보기

가지가지 나뭇가지 194
나무껍질 트는 모양 226
나무껍질에 새겨진 숨은그림찾기 226
나무껍질에서 찾은 버섯 227
나무껍질에서 찾은 벌레 알집 227
나무껍질에서 찾은 지의류 227
나무는 다 달라 193
나뭇가지에서 찾은 재미난 표정들 198
눈비늘 조각이 없는 겨울눈 197
여러 가지 나무껍질 226
올망졸망 겨울눈, 재미난 잎자국 196

늘푸른나무 알아보기

낙엽이 지는 바늘잎나무 205
넓은잎 늘푸른나무 206
바늘잎, 비늘잎이 다 나는 향나무 205
바늘잎나무 205
바람이 씨앗을 퍼뜨리는 늘푸른나무 207
반만 늘푸른나무 207
비늘잎과 바늘잎 204
비늘잎나무 204
새가 씨앗을 퍼뜨리는 늘푸른나무 207
소나무 214
소나무 나이 세기 217
소나무껍질 223
솔씨 215
여러 가지 솔방울 215

계절로 찾아보기

측백나무, 편백나무, 화백나무
　구별하기 204

새 알아보기
감나무에 찾아온 새 257
뒷산 숲에서 본 새 260
딱따구리 둥지 263
마을 공원에서 만난 새 259
마을에서 본 물새 268
마을에서 본 수면성 오리 266
마을에서 본 잠수성 오리 267
멧비둘기 둥지 263
물새는 왜 한 발로 서서 잠을 잘까?
　269
물새들은 왜 동상에 안 걸리는 걸까?
　269
민물가마우지는 왜 날개를 펼치고
　있을까? 269
붉은머리오목눈이 둥지 262
새 깃털은 왜 물에 젖지 않을까?
　269
수면성 오리와 잠수성 오리 견주기
　267
아파트 단지에서 본 새 258
직박구리 둥지 262
텃밭에서 만난 새 259

겨울 벌레 찾기
나무껍질에서 벌레 찾기 232
나뭇가지에서 벌레 찾기 235
돌 아래서 벌레 찾기 234
마을 공원에서 찾은 벌레 231
벌레 키우기 237
벌레혹 찾기 235

썩은 나무 속에서 벌레 찾기 232
집 안에서 벌레 찾기 236
흙속에서 벌레 찾기 234

겨울 새 놀이
깃털 펜 만들기 261
눈을 감고 한 발로 서기 270
물새처럼 한 발로 오래 서기 270
물에 동동 뜨는 스티로폼 물새 271
부리로 서는 갈매기 만들기 272
새 깃털 찾기 261
새 둥지 찾기 262, 263
쌍안경 보는 법 265
우유갑 새 모이통 만들기 263
잠수를 가장 잘하는 물새를 찾아라
　270
한 발로 뛰기 270
훨훨 날아라! 물새 흔들개비 273

겨울 숲 놀이
나무 집 짓기 229
나무껍질 무늬 뜨기 227
나뭇가지 지팡이 잡기 228
낙엽 공 농구 229
낙엽 공 만들기 229
낙엽 공 축구 229
낙엽 비닐 썰매 만들기 229
외나무다리 건너기 228
통나무 난타 228

겨울 풀 놀이
가는 풀대 끼우기 244
갈대 빨대, 억새 젓가락 241
갈대 창 던지기 241

갈대 총 쏘기 241
갈대 총, 총알 만들기 241
갈대 펜 240
갈대와 억새 줄기 자르기 241
달뿌리풀, 갈대 머리띠 251
달뿌리풀, 갈대 봉 252
달뿌리풀, 갈대 빗자루 251
달뿌리풀, 갈대 잎집 피리 253
달뿌리풀, 갈대 줄기 비눗방울 놀이
　252
달뿌리풀, 갈대 줄기 피리 253
달뿌리풀, 갈대 풀씨 날리기 251
돼지감자 속심 반지, 팔찌 244
마른 풀 꽃다발 243
마른 풀 꽃병 243
사슴 만들기 245
새 만들기 246
억새 빗자루 240
풀대 안경 만들기 245
풀대 자르기 244
풀대 찢기 246

겨울나무 놀이
나뭇가지 활 만들기 199
날개 달린 씨앗 날리기 211
남천 눈 토끼 인형 211
남천 열매 날리기 211
메타세쿼이아 열매 팔찌 209
빙글빙글 겹치는 그림 210
사철나무잎 바람개비 210
사철나무잎 소꿉놀이 210
사철나무잎 피리 210
서양측백나무 열매 반지 208
성탄절 꾸미기 222

소나무 껍질 배 223
소나무 껍질 새 223
소나무 껍질 오리 223
소나무 껍질로 모양 만들기 223
솔가리 마녀 빗자루 216
솔방울 꽃 220
솔방울 던져 넣기 218
솔방울 돌리기 219
솔방울 멀리 차기 218
솔방울 메달 220
솔방울 모빌 221
솔방울 벽 꾸미기 221
솔방울 부스러기로 청설모 만들기 219
솔방울 부엉이 모빌 221
솔방울 손목시계 220
솔방울 옮기기 218
솔방울 주고받기 218
솔방울 차 넣기 218
솔방울에 끈 묶기 220
솔잎 꾸미기 217
솔잎 목걸이 만들기 217
솔잎 물고기 낚시 216
솔잎 물고기 만들기 216
솔잎 씨름 216
여러 가지 솔방울 찾기 215
측백나무 열매 팔찌 208
편백나무 열매 팔찌 209
향나무 향기 맡기 211
황매화 가지 로켓 만들기 201
황매화 가지 빨대 200
황매화 가지 속심 빼내기 199
황매화 가지 피리 200
황매화 속심 반지, 귀걸이 200

황매화, 개나리, 흰말채나무 팔찌 만들기 201

얼음 놀이

빙구 254
얼음 술래잡기 254
얼음 썰매 만들기 255
얼음 축구 254
얼음판 미끄럼 타기 254

동식물 이름으로 찾아보기

가락지나물 21, 33
가시날도래 117
가시날도래 애벌레 114
가시우묵날도래 애벌레 114
가위벌 110
가을강아지풀 134
가죽나무 165, 198
가지 68, 70
각다귀 애벌레 115
갈고리하루살이 애벌레 116
갈대 122, 123, 240, 241, 246, 251~253
갈참나무 49, 102, 103, 180~185, 197
갈퀴덩굴 13, 17, 28
감나무 64, 91, 193, 194, 198
감자 69, 70
감초하루살이 애벌레 116
감탕벌 애벌레 230
강도래류 120
강아지풀 133~135, 139, 149, 184, 242
개갓냉이 29, 73
개나리 45, 193, 195, 197, 201
개망초 26, 29, 30, 94, 95, 247
개미 36
개미귀신(명주잠자리 애벌레) 131
개미류 233, 236
개미자리 22, 247
개불알풀 15, 20
개암나무 49, 106, 196
개여뀌 154, 155, 157
개옻나무 197
개잎갈나무 205, 207, 211

거미 231, 232, 234
거북밀깍지벌레 235
거세미나방 애벌레 78
거짓쌀도둑거저리 236
거품벌레 108, 127
거품벌레류 236
검은꼬리박각시 128
검은다리실베짱이 127, 128, 157
검은다리실베짱이 애벌레 129
검은머리물날도래 애벌레 114
검은머리흰죽지 267
검은물잠자리 121
검은물잠자리 애벌레 116
검정넓적꽃등에 157
검정명주딱정벌레 127
검정하늘소 127
게거미류 51
계수나무 171, 172, 176
고구마 71, 147
고깔제비꽃 37
고동털개미 231
고들빼기 20, 29, 30, 72
고마로브집게벌레 236
고마리 122, 150, 154
고방오리 266
고욤 91
고욤나무 64
고추 70
고추잠자리 130
고추좀잠자리 120, 130
고추좀잠자리 애벌레 116
곤봉호리벌 236
곤줄박이 257, 260
곰개미 78, 79

곰보배추(참배암차즈기) 247
곰솔 214
곳체다슬기 116
공벌레 78, 234
광대나물 23, 30, 34, 40, 41
광대소금쟁이 121
광릉긴나무좀 111
광택날도래 애벌레 114
괭이밥 22, 23, 72
구름버섯 227
구리꼬마꽃벌 51
구절초 152
국수나무 106, 198
굴참나무 102, 180, 182, 183, 226
굴참나무가지둥근혹벌혹 235
굴파리 애벌레 110
굼벵이 78
귀룽나무 55, 86
극동쑥혹파리 242
금강아지풀 134
금방동사니 148
금새우게거미 232
기생벌류 236
기생파리류 111
긴개울등에 애벌레 116
긴담배풀 167
긴병꽃풀 28
긴알락꽃하늘소 95
깃동잠자리 130
까마귀 258
까마중 161
까치 259, 261
깔따구류 애벌레 116
깡충거미류 232

깨꽃 99
꺽지 119
꼬리박각시 157
꼬리치레개미류 232
꼬마길앞잡이 127
꼬마꽃등에 79, 95
꼬마남생이무당벌레 77, 95, 236
꼽등이 127
꽃게거미 79
꽃다지 13, 16, 20, 29, 33, 73, 247
꽃등에 95, 157
꽃등에류 46, 232, 236
꽃마리 21, 35, 42, 247
꽃매미 109, 227, 235
꽃무지류 애벌레 233
꽃벼룩류 236
꿩 261
끝검은말매미충 79

나무좀 233
나방류 232, 236
날개날도래 121
날개띠좀잠자리 130
날도래 117
날베짱이 127
남산제비꽃 37
남색초원하늘소 95
남천 189, 206, 211
냉이 13, 16, 23~25, 30, 31, 73, 247
너구리거미 234
넓적부리 266

넓적사슴벌레 108, 127
넝쿨장미 194, 199
네눈박이밑빠진벌레 127
네모집날도래 120
네모집날도래 애벌레 114
네점가슴무당벌레 111
네점하루살이 127
네점하루살이 애벌레 114
노랑나비 157
노랑뒷날개나방 126
노랑무당벌레 236
노랑쐐기나방 235
노랑육점박이무당벌레 232
노랑제비꽃 37
노랑코스코스 156
노랑털기생파리 157
노랑하늘소붙이 127
노린재류 236
노박덩굴 160
논병아리 268
누리장나무 128, 160, 197, 198
느티나무 171, 175~177, 197, 227
능소화 97

다닥냉이 24, 29
다슬기 115, 120
단풍나무 54, 106, 165, 170, 176, 193, 194, 197
달개비 149
달맞이꽃 243, 247
달뿌리풀 250, 252, 253

달팽이 76
담쟁이덩굴 107, 170, 176, 193, 195
당단풍나무 170
대륙뱀잠자리 애벌레 115
대만흰나비 95
대왕참나무 171, 176, 180~182
댕기흰죽지 267
더듬이긴노린재 79, 139
도깨비바늘 153, 158, 242, 166
도꼬마리 166
도롱뇽 118
도롱이벌레(차주머니나방 애벌레) 231
도토리 103, 180, 181, 188
도토리거위벌레 103
도토리깍정이 176, 182, 183~186
독일가문비나무 215
돌거머리 115, 117
돌고기 119
돌나물 26, 33
돌미나리 26
돌지네 233
돌피 136, 152
동고비 260
돼지감자 244~246
된장잠자리 130
두릅나무 196
두점하루살이 애벌레 114
뒷창참나무노린재 127
들국화 152, 153
들깨 246
들깨풀 242
등검은메뚜기 139
등검정쌍살벌 51
등나무 55, 193, 198

등빨간소금쟁이 121
등얼룩풍뎅이 127
딱따구리 261, 263
딱새 259
땅강아지 78
땅별노린재 234
땅지네 78
때죽도장버섯 227
떡갈나무 102, 180, 182, 183
또아리물달팽이 116
뚝새풀 43
똥보기생파리 236
뜰보리수나무 88
띠무늬우묵날도래 117, 120
띠무늬우묵날도래 애벌레 114

루브라참나무 180~184
리기다소나무 214, 215

마 110
만수국 157
말꼬마거미 236
말매미 109
말매미충 127
망초 23, 29, 30, 151, 153, 188, 246, 247
매미 109, 126
매미나방 108, 227, 231

매미충류 232, 236
매실나무 48, 195, 199
맵시벌류 51, 127
먹부전나비 95, 157
먹파리 애벌레 116
먼지벌레류 78, 127, 233, 234
멍석딸기 85
메타세쿼이아 171, 205, 209
멧비둘기 259, 261, 263
며느리밑씻개 154
명아자여뀌 122, 150, 154
명아주 246
명자나무 55, 194
명주잠자리 131
모감주나무 107, 164
모과나무 55
목도리불나방 127
목련 53, 90, 162, 176
목이버섯 227
무 16, 144
무궁화 129, 197, 198
무궁화밤나방 126
무늬하루살이 121, 127
무당거미 227, 231
무당벌레 77, 111, 232, 236
무당벌레붙이 77, 234
무시바노린재 111, 127
무잎벌 76
물결넓적꽃등에 51, 79, 157
물달팽이 116, 120
물닭 268
물박달나무 226
물봉선 129, 167
물오리나무 49, 106, 196, 198

물잠자리 130
물푸레나무 165, 198, 226
미국가막사리 122, 166, 242
미국쑥부쟁이 151, 152, 157, 243
미국자리공 159, 160
미국제비꽃(종지나물) 20, 33, 37
미꾸리낚시 154
미디표주박긴노랜재 139
민물가마우지 268, 269
밀잠자리 130
밑들이류 236

ㅂ

바랭이 136~138, 152
바수염날도래 120
바수염날도래 애벌레 114
바위취 33
박각시나방류 번데기 234
박새 207, 257, 258, 260
박주가리 164
반날개류 236
밤 185~189
밤나무 110
밤나무순혹벌혹 235
밤나무잎혹벌 벌레혹 110
방동사니 148
방아깨비 139
방아벌레류 111, 127, 236
방아벌레류 애벌레 233
방울토마토 70, 71
배나무 55
배짧은꽃등에 157

배초향 157, 246
배추 16, 144
배추벌레 76
배추좀나방 126
배추흰나비 79, 129
배풍등 160
백목련 53, 90, 90, 162, 194, 196, 199
뱀딸기 21, 33, 72
뱀밥 18
뱀허물쌍살벌 231
버들치 119
버즘나무방패벌레 232
버찌 86, 87, 89
벌꼬리박각시 129
벌레혹 235
벌류 111, 232, 236
벚나무 48, 86, 171, 173~176, 186, 189, 226
벼룩나물 14, 27, 30
벼룩이자리 14
벼룩잎벌레 76
벼메뚜기 139
별꽃 14, 27, 30
별넓적꽃등에 157
별늑대거미 78
별쌍살벌 231
병대벌레류 애벌레 232
보리수나무 106
복숭아나무(복사꽃) 55
복자기 165, 170, 176
봄맞이 42, 247
봉숭아 99
부채하루살이 애벌레 115

북방산개구리 올챙이 118
북쪽비단노린재 76
분꽃 98
붉나무 107, 161, 170
붉나무잎혹응애 벌레혹 110
붉은머리오목눈이 259, 262
붉은서나물 153, 246
붉은씨서양민들레 29
붉은토끼풀 58
비단벌레류 111
비오리 267
빌로오도재니등에 42, 51
뽀리뱅이 20, 29, 43, 247
뽕나무 86, 106

사마귀 235
사슴벌레류 애벌레 23
사위질빵잎 110
사철나무 206, 210
사철나무잎혹파리혹 235
산국 152, 157
산딸기 84
산딸나무 161
산맴돌이거저리 애벌레 233
산수유 47, 106, 161, 193, 196
산철쭉 50, 171, 176, 193, 197
산초나무 107, 198, 226
살갈퀴 167
살구 88
살구나무 48, 193
상모솔새 259

상수리나무 102, 171, 177, 180~182, 184~186
상수리나무잎구슬혹벌혹 235
상수리나무잎동글납작혹벌혹 235
상수리나무잎털동글납작혹벌혹 235
상추 68
새꼭지무늬장님노린재 232
새우게거미류 232
새포아풀 23
생강나무 47, 106, 171, 176, 196
서양민들레 23, 29, 30, 33, 74, 75
서양측백나무 204, 208
서어나무 165
선개불알풀 15
선씀바귀 22, 29, 72, 247
섬서구메뚜기 139
섬잣나무 214, 222
소나무 189, 207, 214~217, 219, 221, 223, 226, 261, 272
소리쟁이 21, 30, 122
속속이풀 73
솔방울 218~222
쇠딱따구리 260
쇠뜨기 13, 18, 19
쇠무릎 159, 166, 242, 245, 246
쇠무릎혹파리 벌레혹 242
쇠박새 257, 260
쇠백로 268
쇠별꽃 14, 27
쇠비름 149
쇠오리 266
쇠측범잠자리 120
쇠측범잠자리 애벌레 115
수국 197

283

동식물 이름으로 찾아보기

수수꽃다리 54, 106, 197
수염치레날도래 애벌레 114
수중다리꽃등에 51, 157
수크령 134, 242
쉬파리 236
스트로브잣나무 207, 214, 215, 222
시금치 26, 68
신갈나무 49, 84, 102, 103, 171, 177,
 180, 182~186, 189, 194, 226
신나무 165, 170
실지렁이 116
십자무늬긴노린재 95, 157, 164
싸리 107, 110, 171, 176
쌍무늬먼지벌레 234
썩덩나무노린재 233, 236
쑥 26, 29~31, 243
쑥부쟁이 151, 152

ㅇ

아그배나무 193, 195
아까시나무 55, 60~62, 162, 194, 196,
 198, 226
아까시잎혹파리 벌레혹 110
아까시잎혹파리 애벌레 110
아까시재목버섯 227
아시아실잠자리 121, 130
아욱 68
알락수염노린재 76, 139
알락오리 266
알락하늘소 127
알통다리꽃하늘소 129
암먹부전나비 129

애기똥풀 28, 29, 72, 129
애기수영 247
애매미 109, 126
애소금쟁이 121
애우묵날도래 117
애우묵날도래 애벌레 114
앵두 88, 89
앵두나무 55, 88, 193
양버즘나무 171, 226
양봉꿀벌 46, 51, 79, 95
양지꽃 42
어리대모꽃등에 157
어리별쌍살벌 110
어리상수리혹벌혹 235
어리쌀바구미 236
어리아이노각다귀 121
어리장수잠자리 120
어리장수잠자리 애벌레 115
어리줄풀잠자리 애벌레 131
어리호박벌 129
어치 260, 261
억새 240, 241, 246
얼치기완두 21
여뀌 154
연가시 115
열무 68
옆새우류 115
오동나무 55, 63, 163, 165, 196, 198,
 226
오디 86, 87, 89
오목눈이 257
오색딱따구리 260
오얏나무가지나방 126
오이 68, 70

옥수수 146
올챙이 118
왕고들빼기 153, 243
왕바랭이 136, 138
왕자팔랑나비 애벌레 110
왕잠자리 130, 131
왕팔랑나비 애벌레 110
왜가리 268
왼돌이물달팽이 120
우리가시허리노린재 79, 139, 157
우리길쭉벌레 233
우리벼메뚜기 139
원앙 266
원추리 129
유럽점나도나물 26
유지매미 109, 126
유채 16
으름덩굴 107
은단풍 170
은사시나무 226, 227
은행나무 55, 170, 174, 176, 186, 193,
 195
이끼 33
이질풀 167
익모초 243
인동덩굴 207
일본목련 159, 162, 170, 176, 177, 196
일본잎갈나무 205, 209

ㅈ

자귀나무 128, 198
자두나무 55
자운영 58
자작나무 49, 226
자주감자 70
자주목련 53
작살나무 106, 160, 197
작은검은꼬리박각시 128
작은멋쟁이나비 157
작은뾰족민달팽이 76
작은주걱참나무노린재 108, 111
잠자리 130, 131
잠자리 애벌레 117
잣나무 214, 215
장구채 242
장님노린재류 111
장수잠자리 애벌레 116
재갈매기 268
적겨자 68, 70
적상추 68
적치마 상추 70
전나무 205, 207, 211, 215
점나도나물 14, 23, 30
점박이불나방 126
접시꽃 96
제비꽃 28, 36~39
제비나비 128
조개넓적거머리 116
조팝나무 54
졸참나무 102, 171, 176, 180, 182
좀보날개풀잠자리 51
좁은가슴잎벌레 76

종지나물(미국제비꽃) 20, 33, 37
주름개미 78
주름잎 42
주름조개풀 167
주목 205
줄날도래 애벌레 116
줄딸기 85
줄사철나무 206
줄연두게거미 232
줄점팔랑나비 157
중국단풍 165, 170, 174, 176
중대가리풀 153
중대백로 268
쥐며느리 234
지렁이 78
지의류 227
지칭개 22, 29
직박구리 207, 257, 258, 262
진강도래 애벌레 115
진달래 50~52, 197
진딧물 79
진박새 260
질경이 23
집게벌레류 78, 234
집비둘기 258
짚신나물 166
찔레 63, 107, 110, 161, 197

차주머니나방 애벌레(도롱이벌레) 231
참갈겨니 119
참개구리 올챙이 118

참나무 102, 103, 178
참나무산누에나방 126
참다슬기 116
참매미 109, 126
참배암차즈기(곰보배추) 247
참새 48, 257~259
참오동나무 63
철쭉 50, 106
청겨자 70
청나비날도래 121
청동노린재 108
청동오리 266
청딱따구리 260
청미래덩굴 106
청상추 68
청색하늘소붙이 127
청설모 219
측백나무 204, 208
치마버섯 227
치커리 70
칠성무당벌레 77
칠엽수 107, 163, 171, 176, 196
칡 104, 105, 110, 198

ㅋ

케일 70
코스모스 156
콩버섯 227
콩제비꽃 37
콩중이 139
큰개불알풀 13, 15, 28, 42
큰도꼬마리 166

동식물 이름으로 찾아보기

큰오색딱따구리 162, 260
큰이십팔점박이무당벌레 77

털두꺼비하늘소 108
털매미 109
털별꽃아재비 153
털진득찰 167
토끼풀 28, 57~59, 65
톡토기류 78
튤립나무 106, 165, 170, 176

파리류 232, 236
파리매류 111
팥배나무 161, 171, 176, 184, 197, 226, 227
팥중이 139
편백나무 204, 209
풀색노린재 79
풀잠자리류 111, 236
풀잠자리류 애벌레 232
풍뎅이류 111
풍뎅이류 애벌레 234
플라나리아 115
피라미 119
피라칸타 206

하늘소 127, 233
하늘소류 애벌레 233
하루살이류 120
햇님하루살이 애벌레 114
향나무 193, 205, 211
호두나무 198
호랑나비 128
호리꽃등에 79, 95, 129, 157
호리병벌류 231
호박벌 51, 129
호제비꽃 37
혹벌 벌레혹 103
혹외줄물방개 116
홍날개 애벌레 233
홍매화 48
화백나무 204
화살나무 171, 176, 189
환삼덩굴 122
황매화 195, 199~201
황새냉이 16, 26, 29, 73
회양목 46, 193, 206
회양목명나방 126
회화나무 194, 198
흰띠풀잠자리 131
흰말채나무 195, 201
흰무늬왕불나방 126
흰뺨검둥오리 266, 267
흰뺨오리 267
흰색명아자여뀌 154
흰젖제비꽃 37
흰죽지 267
흰줄푸른자나방 126

붉나무 (강우근, 나은희)

붉나무는 함께 밥 먹고 함께 놀고 함께 동네를 산책하며
아이들하고 자연에서 어떻게 놀지 늘 궁리해요.
아이들이 다 자라 자기들 세상으로 나가 노니,
이제 붉나무는 함께 놀 다른 아이들을 기다려요.
강우근은 나무며 벌레며 풀이며 자연에 대해 모르는 게 없는 척척박사랍니다.
《박박 바가지》《딱지 따먹기》《숲에서 살려낸 우리말》《마을에서 살려낸 우리말》《두껍전》《전우치전》
《꼬부랑 할머니》 같은 어린이 책에 그림을 그렸고, 《강우근의 들꽃 이야기》를 쓰고 그렸어요.
나은희는 손으로 짓고 만들고 가꾸는 걸 좋아해서 뭐든 뚝딱뚝딱 잘 만들어요.
《배꼽손》《똑똑똑! 엄마야》《호랑이 온다, 뚝!》 같은 어린이 책에 글을 썼어요.
붉나무가 만든 책은 《열두 달 자연 놀이》《붉나무네 자연 놀이터》가 있어요.
붉나무는 어떻게 하면 아이들에게 신나는 이야기를 들려줄까 하는 생각들로 늘 설렌대요.

개똥이네 책방 53

열두 달 마을 놀이터
우리 마을 동식물 580종과 함께하는 자연 놀이 415가지

2023년 11월 13일 1판 1쇄

글 그림 붉나무
편집 김누리, 김성재, 이경희, 임헌 | **디자인** 최남주 | **제작** 심준엽
영업마케팅 김현정, 나길훈, 양병희 | **영업관리** 안명선 | **새사업부** 조서연
경영지원실 노명아, 신종호, 한선희
인쇄와 제본 (주)상지사 P&B

펴낸이 유문숙 | **펴낸 곳** (주)도서출판 보리 | **출판 등록** 1991년 8월 6일 제9-279호
주소 (10881) 경기도 파주시 직지길 492
전화 031-955-3535 | **전송** 031-950-9501
누리집 www.boribook.com | **전자우편** bori@boribook.com

ⓒ 붉나무, 2023

이 책의 내용을 쓰고자 할 때는, 저작권자와 출판사의 허락을 받아야 합니다.
잘못된 책은 바꾸어 드립니다.

값 28,000원

보리는 나무 한 그루를 베어 낼 가치가 있는지 생각하며 책을 만듭니다.

ISBN 979-11-6314-313-0 73400

이 도서는 한국출판문화산업진흥원의 '2023년 우수출판콘텐츠 제작 지원' 사업 선정작입니다.

유튜브에서
붉나무 아저씨를
만나 보세요!

| 제품명 : 도서 | 제조자명 : (주) 도서출판 보리 | 주소 : (10881) 경기도 파주시 직지길 492 | 전화번호 : (031) 955-3535
제조년월 : 2023년 11월 | 제조국 : 대한민국 | 사용연령 : 8세 이상 | 주의사항 : 책의 모서리가 날카로우니 다치지 않게 주의하세요.
KC 마크는 이 제품이 공통안전기준에 적합하였음을 의미합니다.